A PERFEITA
ALEGRIA

Dados Internacionais de Catalogação na Publicação (CIP)
(Câmara Brasileira do Livro, SP, Brasil)

Santarém, Robson Goudard
A perfeita alegria : Francisco de Assis para
Líderes e gestores / Robson Goudard Santarém. –
Petrópolis, RJ : Vozes, 2010.

Bibliografia
ISBN 978-85-326-3974-5

1. Administração de empresas 2. Administração
de pessoal 3. Alegria 4. Ambiente de trabalho
5. Espiritualidade 6. Felicidade 7. Francisco de
Assis, Santo, 1181 ou 2-1226 8. Liderança
9 Organizações I. Título. II. Título: Francisco
de Assis para líderes e gestores.

10-00135   CDD-658.001

Índices para catálogo sistemático:
1. Espiritualidade aplicada à administração
658.001

ROBSON GOUDARD SANTARÉM

A PERFEITA ALEGRIA

FRANCISCO DE ASSIS
PARA LÍDERES E GESTORES

Petrópolis

© 2010, Editora Vozes Ltda.
Rua Frei Luís, 100
25689-900 Petrópolis, RJ
Internet: http://www.vozes.com.br

Todos os direitos reservados. Nenhuma parte desta obra poderá ser reproduzida ou transmitida por qualquer forma e/ou quaisquer meios (eletrônico ou mecânico, incluindo fotocópia e gravação) ou arquivada em qualquer sistema ou banco de dados sem permissão escrita da Editora.

Diretor editorial
Frei Antônio Moser

Editores
Ana Paula Santos Matos
José Maria da Silva
Lídio Peretti
Marilac Loraine Oleniki

Secretário executivo
João Batista Kreuch

Editoração: Elaine Mayworm
Projeto gráfico: Victor Mauricio Bello
Capa: 2 Estúdio Gráfico
Ilustração: Claudio Pastro

ISBN 978-85-326-3974-5

Editado conforme o novo acordo ortográfico.

Este livro foi composto e impresso pela Editora Vozes Ltda.

AGRADECIMENTOS

Que alegria é viver a vida como dom e experimentar a cada dia a bondade do Senhor!
Em minha caminhada, sinto o amor e a misericórdia divinos de inúmeros modos
e por tudo eu lhe sou imensamente grato: por todos os dons, talentos e graças que tenho recebido para servir à vida, por todas as oportunidades que me têm sido concedidas nas empresas nas quais trabalhei como gestor, e por todos os clientes onde tenho desenvolvido os projetos de *coaching*, consultoria e desenvolvimento e a rica experiência como voluntário na direção e conselho deliberativo da ABRH RJ.
Todos são espaços de aprendizagem, crescimento pessoal e profissional e evolução espiritual.
Alegria é conviver com a comunidade do Morro do Jurumenha: sabedoria viva!
Alegria é contar com tantos amigos, entre os quais José Alfredo Charnaux Sertã, José Carlos de Freitas, Carlos e Myrna Brandão, que, com seus exemplos, estimulam-me a ser uma pessoa melhor, e que generosamente colaboraram com seus comentários neste trabalho.
Agradeço também a amizade e atenção de Lucimar Delaroli e Maria Alice Ferruccio, que me deram boas dicas.
Que alegria saber que existem empresas como o Ecad, a Casa do Cliente e a Light, entre inúmeras outras, cujas lideranças

se esforçam para que as pessoas se realizem e se alegrem com seus trabalhos, conscientes de que produzem resultados para a organização e para o bem comum!

Sou imensamente grato aos seus diretores e gerentes: Glória Braga, Janaína Araújo, Jaíra Reis, Paulo Clemen, Ana Silvia Matte, por disponibilizarem as informações a respeito de seus belos trabalhos em suas organizações.

Minha gratidão a Flávio Almada, brilhante executivo, que se deixa guiar pelos valores transcendentes e é uma referência como ser humano e presidente em todas as organizações nas quais tem atuado.

Muito obrigado a Ana Paula Matos e à Editora Vozes pelo convite para este trabalho.

Obrigado à minha família: Lúcia – o amor da minha vida, e nossos filhos João Gabriel e Maria Clara, minha alegria.

Dedico estas reflexões a você, caro(a) leitor(a), que busca viver a vida com alegria e quer fazer do trabalho espaço para realização e promoção da vida. Paz e bem!

Escrevemo-vos estas coisas, a fim de que a vossa alegria seja completa (1Jo 1,4).

SUMÁRIO

Que homem és tu, Francisco?, 11
Prefácio I, 15
Prefácio II, 17
1 Inquietas questões, 25
2 As alegrias e a Alegria, 33
   Está faltando alegria..., 35
   O que é alegria?, 37
   Novos paradigmas e espiritualidade nas empresas, 41
   Momentos memoravéis, 48
   Consciência planetária, 51
3 A liderança e a perfeita alegria de Francisco de Assis, 57
   A sabedoria da pobreza, 58
   O ideal, 60
   A espiritualidade e a alegria, 62
   As possibilidades do ser, 64
   A jornada do herói, 66
   A perfeita alegria, 69
   A competência emocional, 79
   A távola redonda franciscana, 83
   Comunidade: equipe de alto desempenho, 85
   Comunhão e participação, 88
   O líder educador e servidor, 89
4 Cultura de valores, clima de alegria, 93
   Cultura organizacional, 93
   Organização franciscana, 96
   Desafios para a gestão, 97

Empresas: organismos vivos... 98
...sustentáveis e saudáveis, 100
Valores humanos na gestão, 101
Clima organizacional, 105
5 Felizes exemplos, 111
Ecad, "Empresa feliz", 111
Casa do Cliente, "Bom humor 360°", 118
O Rio é Light, "Light é alegria", 122
Conclusão: "Alegrem-se, mais uma vez eu digo: alegrem-se!", 139
Anexo, 147
Cronologia da vida de São Francisco de Assis, 147
Declaração do Milênio, 151
Pacto global, 153
Bibliografia, 155

QUE HOMEM ÉS TU, FRANCISCO?

Que homem és tu, Francisco?
Como ousaste despojar-se de tudo para abraçar uma causa?
Que causa era essa que incomodou até aqueles que te eram mais próximos?
Que ideal te arrebatou a ponto de mobilizar milhares de seguidores?

Como a chama da fraternidade incendiou o teu coração
A ponto de se propagar por tantos outros corações
Que, inquietos, ansiavam por uma boa notícia
E, desanimados com as velhas estruturas, sonhavam um mundo novo?

Que gestos tão eloquentes foram os teus,
Que, irrepreensíveis,
Denunciavam a injustiça e o egoísmo de então,
E conclamavam para a solidariedade e a partilha?

Que homem és tu, Francisco,
Que, fazendo-se pobre, promoveu tamanha revolução na história?
Que, fazendo-se pequeno e servidor, interpelou os grandes e poderosos?
Que, fazendo-se fraterno, questionou os comportamentos mesquinhos e egoístas?

Onde foste encontrar tanta sabedoria
Que te abriu os olhos para enxergar irmãos e irmãs em toda parte?
Que te inebriou de tal alegria que ainda hoje ecoa o teu cantar?
Que até hoje os teus ensinamentos são fonte de aprendizado?

Como descobriste que é na relação e no encontro que o homem se humaniza?
O que te fez pensar que não bastava transformar a si mesmo,
Mas que também precisava transformar as estruturas?
E de que modo a sua fé te fortaleceu e te fez um ser de tantas possibilidades?

Em que fonte bebia para enfrentar com segurança as adversidades?
Que elixir te fez tão sereno e equilibrado diante dos obstáculos?
Em que momento descobriste que a felicidade é uma escolha?
E quando percebeste que a alegria era dom a ser distribuído?

Que líder és tu, Francisco?
Que do nada criaste organizações fortes e saudáveis?
Que, sem muito falar, atraíste tantos seguidores?
Que só pelo exemplo conseguiste tantas transformações?

Como conquistaste o título de mestre, se querias ser apenas aprendiz?
Por que passaram a te considerar grande, se somente te fizeste servidor?
E por que escutavas tanto se tinhas tanto a falar?
E por que, quando falavas, o mundo silenciava?

Que pedagogia adotaste para desenvolver tantas lideranças?
Sobre que valores fundaste as tuas Ordens para se tornarem perenes?
O que fizeste para obter adesão tão espontânea com as suas regras?
O que levou tantos homens e mulheres a se comprometerem com tamanho ardor?

Quando percebeste que o diálogo é o melhor instrumento para a paz?
E de que forma disciplinar o olhar para o belo contribui para viver melhor?
E a "távola redonda"? E as missões? E os desafios?
O quanto tudo isso ajudou a realizar o teu propósito?

O que fazias para cativar e manter tantos seguidores entusiasmados?
O que fazias para tornar a sua comunidade saudável?
E o que fizestes tu e teus seguidores para obterem tamanho reconhecimento?
O que tens a dizer para os líderes de hoje?

Que ser humano és tu, Francisco?
Como desenvolveste essa liderança que te fez "o homem do milênio"?
E que sou eu diante de ti, Francisco?
Que líder sou eu perto de ti?...

PREFÁCIO I

A felicidade é o sentimento que temos de que tudo está bem. Ela é a ausência de medo, de perturbação e de conflito. É um estado mental de tranquilidade, satisfação e prazer. É paz de espírito. A coisa mais importante que temos de aprender sobre a felicidade, a meu ver, é que ela é uma escolha. Está sempre ao nosso alcance; está dentro de cada um de nós.

Veronica Ray

O budismo, segundo o Dalai-Lama, nos diz que podemos alcançar a felicidade através de quatro situações: a riqueza, o poder, a saúde e a iluminação – a qual me permito, em uma livre interpretação, chamá-la de autoconsciência –, mas nos adverte também que a riqueza está sujeita ao roubo, o poder, às conspirações e à queda, a saúde, às epidemias e à velhice. Estaremos, dessa forma, sempre dependendo do exterior, da aceitação dos outros, do julgamento positivo ou não que fizerem de nossa imagem, via de regra, reflexo distorcido e adaptado de nosso verdadeiro EU; portanto, a única forma segura e duradoura de atingi-la, ensina-nos, é através de nosso autoconhecimento, de nossa escolha pelos valores do espírito, pela paz e harmonia interior, pela bondade, pelo abandono da ética da personalidade e a expansão de nossa capacidade de amar todos os seres, indistintamente.

Temos, verdadeiramente, nos esquecido de questionar sobre o sentido de nossas vidas; temos comercializado, via de regra, nossa verdadeira felicidade em troca de poder, de maior projeção social, gerando mais competição ao invés de cooperação. Temos, com isso, gerado mais tensão e angústia, síndromes do pânico e violência social.

Se me perguntassem, algum dia, qual a melhor maneira de se medir a verdadeira felicidade, diria que a alegria é seu maior reflexo; basta ouvir o alarido de um grupo de crianças brincando, o olhar encontrado dos apaixonados, o abraço apertado no retorno do ser amado e aí encontraremos a felicidade.

E Robson Santarém, neste livro, que ora tenho o prazer de apresentar, nos convida a refletir sobre a felicidade e a alegria dentro das corporações. Incita-nos a repensar sobre a responsabilidade dos líderes e das organizações na construção de ambientes positivos que propiciem a realização e a verdadeira felicidade das pessoas.

Mostra-nos a importância da alegria como um fator de sustentabilidade e desenvolvimento das empresas, trazendo-nos, em contraponto, as condições atuais no universo corporativo e social, esclarecendo-nos sobre as causas de tais cenários e indicando as ações corretivas necessárias à reversão.

Ao propor como pedra fundamental na busca da verdadeira alegria e felicidade a vida de Francisco de Assis, o autor introduz uma dimensão espiritual ao homem cotidiano, dá razão e sentido ao labor de cada dia e um significado maior à vida.

Descreve-nos sua missão divina: seu amor incondicional pelos seres da criação, seus ensinamentos como mestre e líder colocavam a humildade e a simplicidade como forças morais; cuidava e motivava, ouvia e corrigia e, acima de tudo, irradiava a alegria dos simples de coração. Foi, é e continuará sendo um modelo de liderança transformadora.

Ao final destas breves palavras, espero sinceramente que este livro seja uma fonte de inspiração a todos aqueles que buscam o verdadeiro sentido da vida.

Boa leitura!

Flávio Medrano de Almada
Diretor-superintendente Barcas S.A.

PREFÁCIO II

Da alegria dependente à perfeita alegria

Já tive vontade, diversas vezes, de sumir. Isto mesmo, de jogar tudo para o alto e ir a outro lugar, começar tudo de novo, começar um outro caminho, fazer outra coisa. E aposto que não sou o único a ter tido esta vontade. É provável que em algum momento de sua vida isto também já lhe passou pela cabeça. Às vezes os problemas crescem, a pressão aumenta e queremos sumir. Em outras ocasiões não estamos satisfeitos com o caminho de nossas vidas; estamos em lugares que não nos alegram muito, fazemos coisas que não nos trazem satisfatoriamente felicidade. Aí nossa mente trabalha com a hipótese: e se eu largasse tudo e começasse de novo?

Lá na Idade Média, no final do século XII e início do XIII, viveu alguém assim. Ele não estava satisfeito com a vida que levava. Seu pai era comerciante de tecidos e bem-sucedido. Acumulava riquezas, crescia financeiramente. O comerciante queria ver seu filho não apenas seguindo seus passos de sucesso financeiro. Queria mais que isto: queria que seu filho fosse um sucesso social. Queria que ele conseguisse um título de nobreza, que seu filho fosse um cavaleiro, um herói de guerra. Chegou a comprar tudo o que de melhor havia em termos de aparelhagem para a guerra: um bom cavalo, armadura, armas e a enviar o jovem para a batalha. Não funcionou. Não era isto que o jovem queria. A pressão sobre ele aumentava até o dia em que jogou tudo para o alto e foi seguir seu caminho. Um pouco simplificado, mas foi isto que ocorreu na vida de Francisco de Assis quando, em sua juventude, não estava satisfeito com o caminho que lhe delineara seu pai, Pedro Bernardone. E um dia, após muitas brigas, em plena praça da cidade, na presença inclusive do bispo – que o pai chamara para corrigi-lo –, Francisco tirou a roupa, jogou-a aos pés de seu pai e disse: de agora em diante chamarei de pai somente o pai que está nos céus. Isto foi o início de um novo caminho feito por Francisco, caminho este que o tornaria uma das pessoas mais fantásticas que a história humana já conheceu.

Esta coragem de Francisco em romper com o caminho traçado pelos outros, de começar tudo de novo, de iniciar um novo caminho a partir de suas convicções, é algo que sempre me levou novamente a admirá-lo. E acho que este é um dos pontos que fez de sua figura justamente um personagem grandioso na história. Ele nos fascina com sua ruptura, porque há muitas vezes dentro de cada um de nós esse mesmo desejo de ruptura, de começar tudo novamente. Cada um de nós, de certa forma, identifica-se com Francisco. Em cada interior humano dorme um Francisco de Assis e sua vontade de não mais conformar-se em ser conformado pelos outros e pelas circunstâncias. Dorme em nós a vontade de começar tudo de novo, de fazer uma ruptura radical. Se não o fazemos, deve-se muitas vezes a compromissos que temos, a responsabilidades assumidas ou, então, deve-se inclusive à falta de coragem. Mas que em nós, de certa maneira, dorme um Francisco de Assis e sua atitude de começar tudo de novo, isto dorme!

Após sua ruptura, Francisco teve uma caminhada de vida de plena liberdade. Não se sentia mais preso a ninguém e a nada que viesse de fora. Esta profunda liberdade manifestou-se em sua vida de muitas formas, as quais foram percebidas por outras pessoas de sua época, que também tiveram a coragem de fazer a mesma ruptura e seguir, com Francisco, um novo caminho. Em pouco tempo, Francisco tornou-se um líder de centenas, milhares de pessoas. Nascia, assim, o movimento franciscano. Não que Francisco desejasse ser líder de algum movimento. Sua forma de vida é que atraía e fascinava quem queria formar grupo com ele.

Algumas características tornaram-se marcantes para Francisco e seus primeiros seguidores. Uma delas é a liberdade perante os bens materiais. Francisco e seu grupo não os possuíam. Viviam sem nada de próprio. Francisco chamava a pobreza de "dama pobreza", "senhora pobreza" e dizia estar enamorado dela. Uma tal liberdade perante os bens é de causar inveja a todos nós que vivemos preocupados com possuir isto ou aquilo, com o sentimento de que dependemos dos bens para nos realizarmos como seres humanos. Com tal liberdade, Francisco livrou-se da preocupação com os bens e conseguiu alcançar uma atitude tamanha de independência diante deles, que estes não mais eram condições ou empecilhos para a realização ou para a felicidade.

Outra característica bastante peculiar do caminho de Francisco foi sua atitude perante as pessoas. Ele conseguiu uma liberdade tal perante a preocupação do "quem é quem", que para ele não havia mais servo ou senhor. Todos são irmãos e irmãs. Ao viver o sentimento radical de fraternidade, Francisco alcançou a libertação das pressões por ser alguém, por ter *status*, por ser mais ou menos, por estar acima ou abaixo. É incrivelmente invejável conseguir esta atitude de não mais ter que se preocupar com a hierarquia, com o *status*. Sentia-se irmão de todos. E isto bastava. E assim vivia. Este sentimento lhe era tão forte e profundo que o transmitiu inclusive a tudo o que estava à sua volta: o irmão sol, a irmã lua, o irmão vento, a irmã água. E até mesmo seu sentimento de igualdade e unidade diante das pessoas e da natureza foi tal que chamou a própria morte de "irmã morte". Por esta maneira de vida, Francisco é chamado de "irmão universal". Como uma gota d'água no oceano, sentia-se ele igual a tudo. E isto não o fazia se sentir depreciado. Pelo contrário: com este sentimento, ele era o mar todo. Dessa forma, Francisco colocava-se diante de Deus e dizia "meu Deus e meu tudo".

Pode alguém ser realizado, ser feliz, com esta maneira de vida? Estamos tão acostumados com o discurso de que a realização depende de nossas conquistas, de sermos alguém, de realizarmos algo que nos é difícil imaginar como uma vida de tal desprendimento não seja vista como perda, mas como ganho da perfeita liberdade. Se, no entanto, pararmos um pouco e pensarmos nesta possibilidade de liberdade total, de libertação das amarras e preocupações com bens e posições, facilmente iremos concordar que Francisco teve uma vida de liberdade extremamente atraente. Como vivemos fazendo concessões, falta-nos a coragem para tanto.

Outra característica marcante de Francisco era sua alegria. Ser alegre, viver alegre! Foi chamado de "o irmão sempre alegre". Há na vida de Francisco um diálogo belíssimo com seu irmão Frei Leão sobre a alegria. Não uma alegria qualquer, mas o que Francisco chama de "a perfeita alegria". Francisco diz ao irmão Leão que se todos os seus irmãos fossem santos e vivessem de forma exemplar, nisto não estaria a perfeita alegria; que se todos os seus irmãos soubessem fazer milagres, curassem doentes e tivessem inclusive o poder de ressuscitar os mortos, nisto não estaria a perfeita alegria; que se todos os seus irmãos tivessem capacidades intelectuais tais que falassem todas as línguas e conhecessem toda a ciência, que tivessem até mesmo a capacidade de conhecer o passado e o futuro, nisto não estaria a perfeita alegria; que se todos os seus irmãos soubessem falar a língua dos anjos e que tivessem da parte de Deus revelações sublimes que os levassem a todo o conhecimento sobre a terra e o céu, sobre as estrelas e sobre a natureza, que tivessem todo o conhecimento inclusive sobre o ser humano, nisto não estaria a perfeita alegria. Intrigado, Irmão Leão pergunta onde estaria, pois, a perfeita alegria? Francisco faz então com o Irmão Leão um exercício de imaginação: "Imagine que chegássemos nós dois a uma fraternidade de irmãos e lá não fôssemos reconhecidos. E não só isto: que um irmão saísse ao nosso encontro e nos xingasse, nos chamasse de vagabundos e malandros, nos desse uma surra com um bastão cheio de nós e nos atirasse do lado de fora da casa, bem no inverno onde tudo estivesse cheio de neve, nos arrastasse de um lado para o outro na neve e ali nos abandonasse com frio e fome. "Se nós", diz Francisco ao irmão Leão, "conseguíssemos suportar tudo isto com alegria, esta seria a perfeita alegria".

Num primeiro momento, ao lermos esta narrativa de Francisco sobre a perfeita alegria, ficamos de certa forma desapontados e achando que a perfeita alegria está no sofrimento e na renúncia, coisas que – sinceramente – não nos agradam. Estou convencido, no entanto, de que esta história da perfeita alegria de Francisco de Assis não tem nada a ver com uma lição barata de "é preciso suportar os problemas com alegria". Francisco não está falando de suportar, nem de sujeitar-se ou conformar-se aos sofrimentos.

Na vida temos muitos momentos e situações de alegria. Temos alegria quando conquistamos algo, temos alegria quando recebemos alguma coisa, temos alegria quando encontramos amigos, temos alegria quando festejamos, sentimos alegria com o sucesso nosso e das pessoas que estão à nossa volta, temos alegria quando conseguimos comprar o que queríamos, temos alegria quando conseguimos bons resultados de nossos empreendimentos e, assim, poderíamos desfiar uma enorme lista de momentos de alegria. Há muitas coisas que nos causam alegria, que nos trazem alegria. Todas estas alegrias são legítimas. São verdadeiramente alegrias. Mas, se pensarmos bem, são "alegrias dependentes". Elas dependem de algo para que aconteçam. A alegria, da qual Francisco falou ao Irmão Leão, não é uma alegria que tem por base algo externo, algo conquistado. Francisco está apontando para uma outra forma de alegria. A alegria que temos por algo que nos acontece ou algo que conseguimos é uma "alegria-resultado". Ela é "resultado" de alguma coisa. Francisco não se opõe a ela, nem afirma que essa alegria seja melhor ou pior que outra. Mas aponta para uma outra forma de alegria, uma alegria que não seja dependente, que não seja resultado. Francisco fala de uma alegria ancorada dentro de cada pessoa, uma alegria que não dependa de um outro fator externo para que aconteça. A esta alegria, que está dentro do ser humano, que não depende de algo vindo de fora, nem de acontecimentos, a esta alegria Francisco chama de "a perfeita alegria". Perfeita não por ser melhor ou mais sublime que as outras, mas perfeita por não ser dependente, por ser absolutamente livre de qualquer condicionamento. A perfeita alegria não é consequência, nem resultado; ela é causa dela mesma. Francisco, em sua vida de total liberdade e desprendimento frente a todas as coisas, experimenta essa forma de alegria. A alegria que é alegria por si só.

Se, num primeiro momento, a história da perfeita alegria de Francisco nos deixa desapontados, pensando ser um bom conselho para perdedores, num segundo momento se pode entender que seria muito cruel pensar que a alegria só é possível como "alegria-resultado". Estaríamos condenados a só termos alegria quando conseguíssemos algum resultado. Nunca teríamos em nós mesmos a fonte da alegria. Esta estaria noutra coisa. E nossa alegria seria dependente dessa outra coisa. A perfeita alegria de Francisco aponta para a possibilidade da alegria incondicionada: sem pré-condições. Não se trata de esconder problemas, nem de enganar-se a si mesmo e dizer que tudo está bem, quando não está. Na visão de Francisco, problemas e alegria não se contradizem. Seria muito cruel para nossa existência se só pudéssemos ter alegria quando os obstáculos estivessem vencidos.

Estou convencido com Francisco de Assis de que esta alegria – "a perfeita alegria" – é uma proposta viável ao ser humano. Todo ser humano é capaz dessa alegria perfeita, não dependente. Tal alegria é como uma pérola posta na alma de cada um de nós. Podemos deixá-la ali, adormecida. Mas também podemos acordá-la e acordar dentro de nós a perfeita alegria.

A proposta vivida por Francisco de Assis na Idade Média não ficou presa a seu tempo. Francisco continua inspirando nosso tempo. A perfeita alegria de Francisco não é uma "lenda" do passado. Ela é inspiração para cada ser humano, pois é dentro de cada ser humano que se encontra a possibilidade da perfeita alegria. E cada ser humano não vive num mundo abstrato. Eu, você, cada um de nós se encontra em uma realidade concreta: de moradia, de relações, de condição física, de situação financeira, de fé etc. É para esta realidade concreta que a perfeita alegria pode ser uma inspiração.

A proposta deste livro é ver a perfeita alegria relacionada com o ambiente das organizações, das empresas, das instituições, enfim, o que se costuma chamar de mundo corporativo. Há um certo imaginário de que o mundo corporativo é um mundo cruel, selvagem, sem sentimento, onde só o lucro conta, no qual o pensamento dominante é competir cada vez mais e melhor, onde só se é alguém pelos resultados financeiros alcançados. Este imaginário está muito presente entre nós, especialmente no mundo religioso. É muito comum no mundo religioso um certo discurso anticorporativo, antiempresarial. Claro que o próprio mundo corporativo contribuiu para isso. Não podemos negar que o mundo corporativo não se confunde necessariamente com estações de caridade.

Por outro lado, também não se pode deixar de ver que boa parte do tempo de muitas pessoas é vivido dentro de corporações. E não como estações prisionais, exílios cruéis ou castigo necessário para se conseguir o sustento. Não se pode deixar de ver que boa parte das pessoas coloca em sua atuação corporativa o que de melhor tem: suas inspirações, capacidades, sonhos e crenças. Não que isto faça do mundo corporativo automaticamente um lugar de santidade. Mas é claramente verdade que o mundo corporativo é, hoje, um lugar de vida do ser humano, um lugar de alegria. E muito bom seria poder ver e sentir ali a vida humana como humana.

Pensar a perfeita alegria de Francisco como inspiração para o mundo corporativo não é querer instrumentalizar o santo de Assis? Tenho a convicção de que não. Francisco de Assis é inspiração para o ser humano e tudo o que lhe diz respeito. E o lugar corporativo é hoje um lugar concreto muito importante ao modo de vida humano.

Pensar Francisco neste contexto é não deixar o "irmão universal" parado na história. É fazê-lo caminhar junto com Frei Leão, comigo e contigo, falando sobre a perfeita alegria.

Este foi o desafio a que se propôs Robson Goudard Santarém, nesta obra intitulada justamente de "A perfeita alegria": acordar o Francisco de Assis, o irmão sempre alegre que dorme em nós e fazê-lo caminhante em nossas vidas.

Petrópolis, janeiro de 2010
Volney J. Berkenbrock
Diretor da Editora Vozes

1
INQUIETAS QUESTÕES

Onde há caridade e sabedoria, aí não há temor nem ignorância. Onde há paciência e humildade, aí não há ira nem perturbação. Onde há pobreza com alegria, aí não há ambição nem avareza. Onde há paz e meditação, aí não há nem preocupação nem dissipação. Onde há o temor de Deus a guardar a própria porta, aí o inimigo não pode ter lugar para entrar. Onde há misericórdia e discrição, aí não há nem superfluidade nem dureza de coração.

Francisco de Assis

Conta-se que em um país distante, há muito tempo, havia uma fazenda onde os trabalhadores viviam tristes e isolados. Eles estendiam suas roupas surradas no varal e alimentavam seus magros cães com o pouco que sobrava das refeições. Todos que viviam ali trabalhavam na roça do Sr. João, dono de muitas terras, que exigia trabalho duro pagando pouco.

Um dia, chegou ali um jovem agricultor em busca de trabalho. Foi admitido e recebeu, como todos, uma velha casa para morar enquanto trabalhasse ali. Vendo a casa suja e abandonada, o jovem resolveu dar-lhe vida nova. Cuidou da limpeza e, em suas horas vagas, lixou e pintou as paredes com cores alegres e brilhantes, além de plantar flores no jardim e nos vasos.

A casa limpa e arrumada destacava-se das demais e chamava a atenção de todos que por ali passavam. Ele sempre trabalhava alegre e feliz na fazenda, por isso tinha o apelido de Zé Alegria.

Os outros trabalhadores perguntavam: "Como você consegue trabalhar feliz e sempre cantando com o pouco dinheiro que ganhamos?"

O jovem olhou para os amigos e disse: "Bem, este trabalho hoje é tudo que eu tenho. Ao invés de blasfemar e reclamar, eu prefiro agradecer por ele. Quando aceitei trabalhar aqui, sabia das condições. Não é justo agora reclamar. Farei com capricho e amor aquilo que aceitei fazer".

Os outros, que acreditavam ser vítimas das circunstâncias, abandonados pelo destino, olhavam-no admirados e comentavam entre si: "Como ele pode pensar assim?"

O entusiasmo do rapaz em pouco tempo chamou a atenção do fazendeiro, que passou a observá-lo à distância. Um dia, o Sr. João pensou: "Alguém que cuida com tanto carinho da casa que emprestei cuidará com o mesmo capricho da minha fazenda. Ele é o único aqui que pensa como eu. Estou velho e preciso de alguém que me ajude na administração da fazenda".

Num final de tarde, foi até a casa do rapaz e, após tomar um café fresquinho, ofereceu ao jovem o cargo de administrador da fazenda. O rapaz aceitou prontamente.

Seus amigos agricultores novamente foram lhe perguntar: "O que faz algumas pessoas serem bem-sucedidas e outras não?"

A resposta do jovem veio logo:

– Em minhas andanças, meus amigos, eu aprendi muito e o principal é que nós não somos vítimas do destino. Existe em nós a capacidade de realizar e dar vida nova a tudo que nos cerca. E isso depende de cada um.

Desconheço o autor desta fábula, mas ela pode nos ser útil neste começo de conversa: o que há de especial neste jovem para que seja apelidado de Zé Alegria? E como sua atitude – não obstante as más condições de trabalho – foi capaz de transformar todo o ambiente? O que o levou a agir dessa maneira? É verdade que a fábula sugere muitas reflexões; porém, neste texto, pretendo refletir mais profundamente sobre a alegria.

Em minha trajetória profissional como executivo de Recursos Humanos e há muitos anos atuando como consultor em gestão de pessoas, já vivenciei e testemunhei várias experiências de outros "Zés Alegria" que conseguiram, com sua conduta e competências, promover significativas melhorias no ambiente de trabalho. Também sei de experiências de muitas pessoas que irradiavam tamanha alegria por suas conquistas que poderia dizer que estavam plenamente realizados e que o reconhecimento dos seus trabalhos era o registro da possibilidade de se ter um ambiente de trabalho motivador e favorável ao desenvolvimento das potencialidades humanas. Podemos afirmar, com certeza, que existem lideranças conscientes criando, cada vez mais, espaço para que o ser humano – em sua inteireza – encontre no trabalho a autorrealização, condição para a perfeita alegria.

Por outro lado, também sabemos de não poucas histórias que nos entristecem por apresentarem personagens e enredos que não se importam com a dignidade humana e, consequentemente, com sua realização.

Estas experiências me levam a perguntar:

Qual a relevância de se refletir sobre a alegria nas organizações hoje? Até que ponto a ciência da administração, que deve tratar de estruturas organizacionais e da maneira de liderar pessoas, pode estudar a alegria? Se, como afirma Peter Drucker, *"a preocupação da gerência e sua responsabilidade é **tudo** o que afeta o desempenho da instituição e seus resultados – dentro ou fora, sob o controle da instituição ou totalmente além dele"*, então é devido refletir sobre a geração da alegria no ambiente organizacional, visto tratar-se de responsabilidade das lideranças e estar relacionada ao desempenho dos trabalhadores.

Como tratar este tema relacionando-o às questões específicas da liderança, da cultura e do clima organizacional? O que limita e o que favorece a expressão da alegria nas empresas? Que paradigmas precisam ser mudados? Até que ponto o ambiente pode proporcionar o desenvolvimento da emoção alegria? Quais serão as estratégias para que haja alegria nas organizações? E a que alegria nos referimos quando pensamos no mundo do trabalho? Se houver investimento para proporcionar alegria nas organizações, quais serão os efeitos práticos para todos os interessados no negócio? É obvio que isso também significa questionar: O que entendemos por organização? E por resultados? Será que queremos, de fato, transformar as organizações? Estamos capacitados para transformá-las em espaços de realização humana e, portanto, de alegria?

Se aceitarmos que o ser humano é um ser que insaciavelmente busca a felicidade, como o trabalho pode ser uma via para a realização desta busca? Qual a relação entre motivação e alegria?

Na caminhada da vida, outras experiências foram se somando e contribuindo para saborear um pouco de alegrias servidas em um banquete que ainda não provei igual.

Há mais de vinte e cinco anos tenho convivido com a comunidade do Morro do Jurumenha, em São Gonçalo, RJ. No início da década de 80, quando então liderava um grupo de jovens, de algum modo tentávamos ajudar os pobres que moravam naquele lugar com roupas, mantimentos e alfabetização de adultos. No final de 1982, houve uma violenta expulsão de dezenas de famílias dos seus barracos, por ordem de alguém que se dizia o dono daquelas terras. Por mais de dez anos aquelas pessoas desprovidas de recursos materiais, muitas analfabetas e semianalfabetas da leitura e da escrita, mas ricas em sabedoria, vivendo a solidariedade e a partilha encontraram na união a força para superarem as dificuldades e conquistarem seus direitos fundamentais e viverem como cidadãs, com dignidade e alegria. Conquistaram judicialmente o direito a sua terra, melhoraram as condições de vida no lugar e aos poucos foram criando vínculos de fraternidade, e constituíram, além da associação de moradores, uma comunidade eclesial que tem produzido muitos frutos para seus membros e para o lugar.

Com eles, entre tantas coisas, aprendi mais sobre liderança e trabalho em equipe; experimentei o que é ter a consciência do bem comum, o que é servir e o que é espiritualidade. A convivência junto a tantas pessoas sábias me ajudou a compreender de fato que a pedagogia mais eficiente e eficaz é aquela que nos faz mestres e aprendizes ao mesmo tempo: na troca de experiências, compartilhando conhecimentos, participando dos riscos e lágrimas, das vitórias e dos fracassos, conhecendo as histórias e estórias de cada um e dando-nos a conhecer que vamos formando uma comunidade viva, que aprende o tempo todo e assim se faz vitoriosa, apesar dos percalços. Dessa forma também desenvolvemos e cultivamos alguns valores tão caros, como o respeito pelo outro – muitas vezes tão diferente de nós –; a empatia, que nos leva muitas vezes a simplesmente estar juntos na hora da dor, e isso basta; o aprender com os erros e com os acertos e celebrar as pequenas conquistas individuais e coletivas, mas sempre como grandes vitórias de todos. Iluminado por São Francisco de Assis (vide cronologia de sua vida – Anexo) – que foi democraticamente escolhido como patrono logo no início da vida comunitária –, tenho também aprendido o que significa viver a alegria.

Dentre essas sábias pessoas, lembro-me de Dona Vitalina, que poderia representar a todos, pois, em sua pobreza, sempre se dedicou e trabalhou muito pelo bem da comunidade e, no final dos seus dias, com a saúde extremamente debilitada pelo diabetes, cega e amputada, irradiava a luz de uma indizível alegria em seu sorriso e serenidade permanentes e que, momentos antes de morrer, levava-a a cantar com voz quase inaudível a certeza de uma vida bem vivida.

Quando instigado a refletir e escrever sobre a alegria, pus-me a pensar nessas situações da vida humana e outra série de questões me surgiu:

Afinal, o que é alegria? O que o senso comum entende por alegria? E, na perspectiva franciscana, qual é a perfeita alegria? Quais são os critérios para definir a alegria? O que já escreveram sobre o assunto e o que diz Francisco de Assis sobre isso? Até que ponto Francisco de Assis pode nos ajudar a viver essa dimensão – tal qual ele mesmo, o santo da alegria, a viveu – e promover as transformações necessárias para que a alegria esteja presente nos ambientes de trabalho? Estamos mesmo dispostos a experimentar a perfeita alegria ou nos basta saciar alguns prazeres?

É certo que Francisco de Assis se tornou universal, isto é, não está circunscrito à religião católica, porque se tornou um grande arquétipo do ser humano pleno; ao evocá-lo, trazendo alguns de seus ensinamentos para as lideranças, queremos propor uma luz para melhor compreendermos a vida, o trabalho e os desafios que vão surgindo, muitas vezes, de modo desconcertante.

Certamente, muitas questões inquietantes nos interpelam quando observamos o mundo do trabalho e seu impacto na vida das pessoas. E outras tantas quando nos confrontamos com a triste realidade e o anseio de todos por uma vida melhor...

Conta a história franciscana que, certa noite, estando os moradores de Assis já dormindo, a lua cheia reluzia em um espetáculo sem igual. Francisco, extasiado com a beleza do luar, dirigiu-se ao campanário da Igreja e começou a badalar os sinos com todas as suas forças, acordando toda a cidade. Quando os moradores, assustados, aproximaram-se de suas janelas e viram o filho de Pedro Bernardone aprontando mais uma das suas loucuras, ameaçaram-lhe enraivecidos por terem sido acordados. Ao que Francisco alegremente indagou-lhes como poderiam estar dormindo e perdendo aquele magnífico luar.

Esta narrativa me faz pensar que parece que ainda precisamos ser acordados. Há muitos bonitos luares, verdadeiros espetáculos acontecendo em nossa sociedade, em nossas empresas, e nós não os enxergamos. Adormecidos pela rotina, pelo cansaço, pela insensibilidade normótica ou, então, estamos com a visão estreita demais para prestar atenção no que realmente importa. Alguém precisa tocar o sino para nos despertar e nos fazer enxergar o que está reluzindo, o que está brilhando, o que gera alegria.

E assim outras questões foram me surgindo:

Pode-se afirmar que existe alegria nas empresas? Quais são, então, usando a lógica corporativa, os indicadores que a identificam como presente ou não? Em tempos de extrema preocupação com os indicadores tangíveis de resultados, com o *return on investiment* e validação somente daquilo que pode ser mensurado, como *medir* então o nível de alegria? Será que podemos romper este modelo o qual acredita ser real somente aquilo que é quantificável para simplesmente viver a vida com alegria? Ou, ainda, de que forma as empresas estão proporcionando e/ou podem proporcionar alegria às pessoas? O que fazer para ampliar a alegria para além dos "muros" organizacionais? Quais são as responsabilidades da empresa para promover alegria no mundo? Que competências estão relacionadas à alegria? Qual a responsabilidade das lideranças neste sentido?

Enfim, poder-se-ia listar um sem número de questões, com diversas respostas para cada uma delas. Não se pretende esgotar o assunto, nem responder de forma definitiva questão alguma, apenas e tão somente refletir e, quem sabe, gerar mais questionamentos que nos levem a buscar a perfeita alegria.

Pode ser que alguns considerem ingenuidade, romantismo ou idealismo tratar do assunto em um contexto no qual tem imperado a lógica da competitividade e dos resultados a qualquer preço. Não importa. Estou convicto de que precisamos da utopia, aquela que podemos definir como o ainda não realizado. Estou certo de que é a visão, como um grande ideal, que nos guiará para as grandes realizações. É como disse Peter Senge:

> Uma visão compartilhada não é uma ideia. Ao contrário, é uma força no coração das pessoas, uma força de impressio-

nante poder. Pode ser inspirada por uma ideia, mas quando evolui – quando é estimulante o suficiente para obter o apoio de mais de uma pessoa – deixa de ser uma abstração. Torna-se palpável. As pessoas começam a vê-la como se existisse. [...] No nível mais simples, uma visão compartilhada é a resposta à pergunta: "O que queremos criar?"

Seria, então, tola ingenuidade querer criar um ambiente de trabalho – onde passamos a maior parte do nosso tempo – no qual predomine a alegria? E se esta for uma visão compartilhada por todos, não será possível concretizá-la?

Li certa vez um pensamento de Jean-Paul Sartre que dizia que *"os ideais são como as estrelas, nunca as alcançaremos. Porém, assim como os marinheiros, em alto-mar, traçaremos nosso caminho seguindo-as"*. E o nosso poeta Mario Quintana:

> Se as coisas são inatingíveis... ora!
> Não é motivo para não querê-las...
> Que tristes os caminhos se não fora
> A presença distante das estrelas!

Pois que seja nosso ideal trabalhar para que a perfeita alegria seja a estrela a nos guiar como líderes de um novo tempo nestes mares turbulentos do mundo do trabalho.

2

AS ALEGRIAS E A ALEGRIA

A esperança não é certeza. Dizer que se tem esperança é afirmar que existem muitas razões para desesperar. Ignoramos os limites do possível, daí a justificação da esperança, mas sabemos que esses limites existem, de onde a confirmação da desesperança. A esperança do possível é gerada sobre o impossível. [...] Sejamos irmãos para que nos salvemos.

Edgar Morin

O que se vê hoje? O que se percebe pelos noticiários e olhando ao redor é que parece não haver motivos para a alegria no planeta. Embora saibamos que existem nas organizações públicas, privadas e não governamentais, e na sociedade de modo geral, muitas experiências positivas de transformação e desenvolvimento e que nos enchem de alegria, precisamos dirigir aqui nosso olhar para alguns aspectos que são críticos e que precisam ser transformados. É verdade que para muitos desses aspectos têm sido buscadas e encontradas soluções em vários setores; queremos, no entanto, refletir sobre eles à luz da proposta franciscana. No capítulo final, apresentaremos algumas experiências de organizações que estão valorizando a alegria no ambiente de trabalho.

Há um episódio na vida de Francisco que pode ilustrar o que pretendemos nesta reflexão. Trata-se de uma situação em que três famosos ladrões da região de Assis foram expulsos do convento por Frei

Ângelo, que bravamente os censurou pela vida que levavam. Quando relatou para Francisco o que fizera, foi duramente repreendido pelo líder, que o fez procurar os tais ladrões por todos os montes e vales e, quando os encontrasse, que se desculpasse e lhes oferecesse pão e vinho, prometendo, em seu nome, que iria prover todas as suas necessidades se eles se comprometessem a não mais roubar, a não fazer o mal e ofender as pessoas e se passassem a temer a Deus. Conta a biografia que os ladrões mudaram radicalmente seu comportamento, tornaram-se frades e viveram uma vida de virtudes.

Como afirma Roberto Crema, mudar o mundo é mudar o olhar. Podemos olhar os acontecimentos da vida de muitas maneiras. No evento relatado, percebemos que Frei Ângelo olhou de um modo, Francisco de outro. O olhar de Frei Ângelo certamente faria manter e, talvez, aguçar o comportamento dos ladrões. O olhar de Francisco provocou uma radical transformação na vida daqueles homens e de toda a população que os temia.

O convite que Francisco nos faz é mudar nosso olhar. Embora muitas vezes seja extremamente difícil, reconhecemos ser fundamental e necessário se quisermos promover transformações e alcançar, ou, ao menos, nos aproximar do mundo que sonhamos.

Não podemos fechar os olhos para o sofrimento. Afinal, é com ele que mais aprendemos. Temos que admitir que ele faz parte de nossa vida, que reflete nossas contradições, é – de algum modo – a manifestação de nossa porção sombra. Ao refletir sobre essas situações, qual deve ser nosso olhar? Na imensa teia da vida na qual estamos inseridos não podemos negar que tudo o que fazemos produz ressonância, repercutindo de muitas e variadas maneiras em tudo que estamos conectados (e em que não estamos?!). Sobre tais acontecimentos, qual é nosso olhar? Será que não nos tornamos corresponsáveis porque nosso olhar tem sido o "olhar do Frei Ângelo" ou o olhar da indiferença, ou, ainda, o olhar egoísta que privilegia os próprios interesses em detrimento dos interesses coletivos? E se olharmos na perspectiva de Francisco, o que mudaria em nós e ao nosso redor? Vejamos...

Está faltando alegria...

São tristes os indicadores dando sinais de agonia e morte na e da Terra: a desmedida ambição humana tem destruído os recursos naturais e a vida na e da Terra clama por socorro. Porém, não se trata apenas do esgotamento dos recursos naturais, do aquecimento global e das catástrofes naturais; a vida humana tem sido aviltada em sua dignidade quando a injustiça, a terrível desigualdade social, a violência, o individualismo, o hedonismo e o consumismo exacerbados campeiam em todos os lugares, como os cavaleiros do apocalipse deixando seus rastros de morte.

Como falar de alegria quando há milhões de pessoas analfabetas e sem condições de estudo de forma digna? Se não há escolas para todos e os indicadores de ensino de qualidade ainda são baixíssimos? Se o analfabetismo digital é imenso? E se olharmos sob este prisma, que alegria se pode sentir quando nem mesmo aqueles que têm acesso ao ensino, mesmo ao ensino superior, conseguem espaço para o trabalho ou qualificação necessária para o mercado de trabalho?

Pesquisas realizadas pela Isma – International Stress Management Association – constatam que cerca de 70% da população economicamente ativa sofrem de estresse e que os principais fatores geradores estão relacionados ao ambiente corporativo. Um grande contingente de trabalhadores já atinge o nível do *burnout*, que é caracterizado principalmente pela exaustão emocional, pela despersonalização, insegurança, apatia, sentimento de fracasso e total desmotivação. São diversos os estudos que apontam o estresse e a depressão e suas variadas formas de manifestação como doenças do século e que provocam, cada vez mais, custos altíssimos para as empresas e se tornam desafios para os gestores, os quais devem proporcionar condições favoráveis à qualidade de vida de milhões de trabalhadores.

A intensa pressão sofrida no ambiente de trabalho, metas muitas vezes inatingíveis impostas a pretexto de motivar, mudanças contínuas e crise no mercado, a má alimentação, a falta de exercícios físicos, o alto índice de *turnover* etc. certamente não propiciam alegria aos trabalhadores e afetam consideravelmente a qualidade e a produtividade das empresas.

Caracterizado pela exposição contínua do indivíduo a situações de constrangimento, humilhação, discriminação, perseguição sistemática, entre outros tristes comportamentos, o assédio moral é reconhecidamente um terrível problema para suas vítimas, além de causar prejuízos para a empresa em termos de produtividade, clima organizacional e processos trabalhistas. Nos ambientes em que isso ocorre, o que predomina é a tristeza, a raiva, o desejo de vingança. Podemos afirmar ainda que não existe alegria onde impera a gestão autoritária que violenta a dignidade humana.

Reportagem de Cássia Almeida a respeito da dependência química entre os trabalhadores, publicada no jornal *O Globo* em 15 de março de 2009, revela um triste indicador: só em 2008, 34 mil pessoas se afastaram do emprego por causa das drogas!

> Levantamento das mais importantes clínicas de recuperação do país revela que 70% dos internados ou em tratamento estão empregados. E o tipo de ocupação pode agravar a dependência. Do total de benefícios concedidos pelo INSS, que não alcança o trabalhador informal, 620 casos foram considerados pela Previdência como doenças ocupacionais em 2008, o que é considerado pelos especialistas um número muito abaixo da realidade, por dificuldade de estabelecer a relação entre o vício e o trabalho.

Triste também é constatar os frequentes escândalos de corrupção e fraudes que se multiplicam e variam desde a falsificação de pequenas despesas a desvios de grandes quantias, explicitando um distanciamento cada vez maior dos princípios éticos elementares. A ética – embora seja tão proclamada – não vigora nas organizações onde, embora de forma sutil, há discriminação por gênero, cor, opção sexual, religião e de portadores de deficiências.

Numa sociedade na qual as pessoas são mais valorizadas pelo que produzem e consomem e pelos resultados que efetivamente apresentam do que pelo fato de serem seres humanos, torna-se cada vez mais difícil encontrar um sentido verdadeiro para a vida quando tudo se relaciona ao pragmatismo mercantilista. É alto o índice de pessoas frustradas e desmotivadas no trabalho, muitas vezes porque a organização não lhes proporciona orgulho de nela trabalhar, ou por não ter suas competências e potencialidades bem aproveitadas ou, ainda, porque seus valores são incompatíveis com os da empresa e/ou, em última instância, porque não têm sido reconhecidas como seres humanos.

Podemos ainda citar as angústias daqueles que não conseguem manter um equilíbrio entre as dimensões pessoal e profissional da vida, gerando mais problemas na família que propriamente no trabalho, uma vez que o relacionamento afetivo com a família e com os verdadeiros amigos deve ser sempre prioritário.

A falta de perspectivas, de condições mínimas para a realização humana e do próprio sentido da vida, lamentavelmente, impossibilitam enxergar a plena alegria entre nós.

O *que é alegria?*

Se aceitarmos a tese de Spinoza de que a alegria é o estado da alma que alcança uma maior perfeição, e tristeza é quando ela passa a uma menor perfeição, então, o que hoje vemos e chamamos de alegria é, em grande parte, tristeza. Porque se emoções denominadas de alegria são resultados de futilidades, do prazer de consumir (e hoje se consome de tudo, até pessoas se tornaram objetos de consumo!), do prazer de se sentir vencedor (porque tudo passou a ser um processo de competição no qual alguém tem de vencer para se sentir alegre e vencer na vida, como o ápice da alegria significa o acúmulo material, fica muito difícil com essas evidências perceber aperfeiçoamento da alma humana. Eis por que tais alegrias – vazias e efêmeras – são, na verdade, tristezas.

Dominique Chapot diz que a alegria é a emoção que mantém a vida viva e fornece a energia necessária para suportar as emoções negativas, possibilita ao ser humano experimentar as próprias potencialidades para realizar seus sonhos, a tomar as decisões – porque o melhor caminho é sempre aquele que gera mais alegria – e cria uma referência positiva na vida. Esta emoção é tanto mais intensa à medida que é compartilhada; por este motivo ela nos leva em direção aos outros, fortalece laços, cria comunidade e nos coloca em comunhão com todo o universo.

Também neste aspecto pode-se questionar até que ponto é esta a alegria – que vivifica, congrega e une – que está predominando na vida humana e, especialmente, dentro das organizações.

Percebe-se que o racionalismo ainda é dominante e castrador das emoções; para atender as convenções coletivas, o ser humano reprime suas emoções ou deve buscar os espaços para expressá-las, e nem sempre o ambiente de trabalho é visto como espaço para manifestação das emoções, principalmente as positivas. Ainda se ouve – lamentavelmente – que o ambiente de trabalho não é lugar para tratar desses assuntos...

Outra significativa distinção a ser feita é entre alegria e prazer. Erich Fromm caracteriza o prazer como a satisfação de um determinado desejo ou alcance de uma meta, enquanto a alegria não é um êxtase momentâneo, mas se caracteriza como o sentimento e estado da alma que acompanha toda a vida do ser humano que se propõe a ser ele mesmo. Por essa perspectiva, parece-nos que a alegria anda distante...

O processo de massificação anula a individualidade e a alienação do indivíduo retira-lhe a capacidade de discernir. A hegemonia do sistema representado pelo atual poder das empresas é tal que não se questiona mais se suas práticas são corretas ou não. Aceita-se passivamente a competição desleal, condutas muitas vezes predatórias, a sonegação, a corrupção etc. porque se entende que isso tudo é "normal". O seguimento às convenções continua atroz: cada vez mais tudo se torna padronizado, a normose – patologia da normalidade – contagia, se alastra e todos caminham hipnotizados, insensíveis, porém "felizes e conformados porque todo mundo faz assim", sem perceberem que existem melhores alternativas.

Ai de quem questiona! Ai de quem contraria os interesses do sistema dominante! Ai de quem caminha em direção contrária! Vai precisar de grande força interior e firmeza de propósito, com a consciência de que a vitória é para aqueles que *"combatem o bom combate, completam a corrida e guardam a fé"* (1Tm 3,7).

Erich Fromm assim denuncia:

> As relações humanas são essencialmente as de autômatos alienados, cada qual baseando sua segurança na posição mais próxima do rebanho e em não ser diferente por pensamentos, sentimentos ou ações. Ao mesmo tempo que todos tentam estar tão próximos quanto é possível dos demais, todos se sentem extremamente sós, invadidos pelo profundo sentimento de insegurança, ansiedade e culpa que sempre ocorre quando a separação humana não pode ser superada. Nossa civilização oferece muitos paliativos que ajudam as pessoas a se tornarem conscientemente inconscientes [...]: a rotina da diversão, do consumo passivo de sons e visões oferecidos pela indústria do divertimento; e, além disso, pela satisfação de sempre comprar coisas novas e de logo trocá-las por outras. O homem moderno está próximo ao quadro que Huxley descreve em seu *Admirável mundo novo*: bem alimentado, bem trajado, sexualmente satisfeito, e, contudo, sem personalidade, sem qualquer contato com seus semelhantes, a não ser o mais superficial, guiado pelos lemas que Huxley formulou tão sucintamente, como estes:

"quando o indivíduo sente, a comunidade vacila"; "nunca deixes para amanhã o prazer que podes ter hoje"; ou, como afirmativa culminante: "todos agora são felizes". A felicidade do homem consiste em divertir-se.

Todos os dias são apresentados "convincentes" motivos de alegria presentes no ato de consumir e realizar os desejos – no entanto, muitos destes desejos não são do indivíduo, mas, como já o fizeram acreditar que são seus, engana-se a si mesmo e inconsciente julga-se "alegre", quando, na verdade, ilude-se.

Sabemos que o sistema de algum modo condiciona o comportamento e molda o caráter. No sistema vigente, percebemos que o caráter tem sido modelado com cores e formas mais individualistas, materialistas e competitivas que tonalidades cooperativas e com o sentido do bem comum. Desse modo, observa-se nesse contexto que o valor da pessoa está mais no ter ou no parecer ter. A competição – que a cada dia se eleva e desumaniza – passou a ser virtude. Utiliza-se naturalmente no dia a dia do mundo dos negócios expressões de guerra; "atitudes, estratégias e políticas agressivas" demonstrando, muitas vezes, quais são os reais valores que definem tais condutas. Não obstante haver um discurso sobre a importância da ética, percebe-se não raro que esta tem contornos utilitaristas. Essas crenças se tornaram tão fortes e hegemônicas que se acredita não haver outra possibilidade de viver, posto tratar-se da realização da natureza humana. (Ignora-se – inconsciente ou propositadamente – que também é da natureza humana realizar as potencialidades do ser: a fraternidade, a solidariedade, a cooperação, a partilha.)

Para muitos antropólogos e biólogos, o ser humano é originalmente solidário e cooperativo e não o contrário, como se pretende fazer acreditar. Assim afirma Maturana, respeitadíssimo representante das ciências biológicas:

> A competição é antissocial. A competição, como uma atividade humana, implica a negação do outro, fechando seu domínio

de existência no domínio da competição. A competição nega o amor. Membros das culturas modernas prezam a competição como uma fonte de progresso. [...] A origem do *homo sapiens* não se deu através da competição, mas sim por meio da cooperação, e a cooperação só pode se dar como uma atividade espontânea através da aceitação mútua, isto é, através do amor.

Novos paradigmas e espiritualidade nas empresas

É inegável que a cultura de modo geral e, especificamente, as corporações têm uma grande responsabilidade sobre tudo isso. Refiro-me aos dirigentes do mundo corporativo, visto que as organizações são constituídas por pessoas. As organizações empresariais têm um papel que transcende a geração de lucros com seu negócio. Elas influem na política, na economia e no desenvolvimento sociocultural e ambiental de qualquer lugar do planeta. Desse modo, a forma de gerenciar pode fazer não só com que as pessoas e as empresas sejam melhores, mas também que o mundo seja melhor. No entanto, não basta olhar apenas o aspecto da responsabilidade pessoal dos gestores, porque a estrutura está contaminada por um modelo mental perverso que, de alguma maneira, determina o comportamento das pessoas.

O paradigma presente nas empresas, na mentalidade de muitas lideranças, age como um vírus que devasta as possibilidades de vida. Se não eliminarmos o vírus – o modelo mental –, não teremos muita esperança de viver ou legar para as novas gerações um mundo novo.

O modelo da competição que está impregnado em todos e, particularmente, na educação e nas empresas tem provocado exclusões, baixa autoestima de muitos, injustiças e desrespeito e transgressão dos valores éticos, e elevado o individualismo a um patamar nos últimos tempos que, se não for alterado, nem as organizações sobreviverão. Há muitas empresas e pessoas que já morreram vítimas do próprio veneno.

O progresso material, a tecnociência e os valores econômicos foram colocados acima de tudo e em nome destes "deuses" muitos males têm sido causados. Não se nega a importância da tecnologia e de todo o progresso; o que preocupa é quem são os beneficiários deste progresso; o que se questiona é o modelo reducionista que limita a inclusão dos demais valores da vida, como a ética, a espiritualidade, a justiça e o bem comum.

Nesse modelo, as lideranças são estimuladas a um comportamento, mentalidade e linguagem agressivas e, ao mesmo tempo, esperam com isso obter resultados esplêndidos com equipes de alta performance. Esta lógica é no mínimo paradoxal, porque se o outro é visto como adversário, se se estimula a rivalidade e a competição, como obter união, parceria, confiança e alto desempenho?

Como abrir espaço para a fraternidade, para a ternura, para a cooperação e perfeita alegria se o que comanda tudo é o egocentrismo, o materialismo, a produtividade a qualquer preço e o consumismo?

Pode ser que as empresas obtenham a curto prazo o tão desejado lucro financeiro; porém, a longo prazo a falta de visão, a indiferença aos valores universais, a prática da injustiça e o desrespeito à vida, ao planeta e à dignidade do trabalhador não lhes proporcionarão vida longa.

O mundo corporativo tem criado uma imagem própria que não é das melhores, visto que boa parte das empresas tem aparecido como local de exploração e alienação humana, origem dos males ambientais, centro de subornos e corrupções em busca de vantagens e lucros maiores.

Tudo isso se assenta, como já foi mencionado e estudado por grandes pensadores, em um paradigma analítico que é fragmentador e reducionista, e que impede de enxergar o inter-relacionamento de todas as coisas e a necessária cooperação de tudo e todos para o bem comum. Quando adotamos – consciente ou inconscientemente – a visão míope do paradigma mecanicista – simplificador –, não enxergamos os contextos, pensamos somente no curto prazo e nos interesses egoístas, perdemos de vista o essencial, transformamos os seres humanos em meros recursos e afugentamos a ética que nos convoca a vivermos de maneira consciente, responsável e solidária. Como afirma Peter Senge, *"enquanto nosso pensamento for governado por metáforas industriais, da 'era da máquina' como controle, previsibilidade, e 'quanto mais rápido melhor', continuaremos a recriar as mesmas instituições, apesar de sua crescente desarmonia com o mundo exterior"*.

Todos temos clara consciência de que o modelo vigente foi construído por nós, humanos. Se soubemos construir essa estrutura e mantê-la até nossos dias, também saberemos desconstruí-la e criar um novo modelo em que prevaleçam a justiça, o bem comum, a fraternidade e relações cooperativas que tragam a alegria para a vida das pessoas e organizações.

Como seria se tomássemos consciência de tudo isso e começássemos a refletir e agir iluminados pelo pensamento sistêmico, pela compreensão da cooperação e do diálogo? Que transformações aconteceriam nas empresas e em nossa vida se entendêssemos e praticássemos efetivamente a máxima de Pascal (1623-1662): *"Toda coisa é auxiliado e auxiliador, causado e causador, e estando tudo ligado por um laço imperceptível que liga as partes mais distantes umas das outras, considero impossível conhecer as partes se não conhecer o todo, assim como conhecer o todo sem conhecer as partes?"* E o pensamento do guru indiano Yogananda (1893-1952), que dizia que *"somos uma gota no oceano; o que quer que aconteça com o oceano, acontecerá com a gota; o que quer que aconteça com a gota, acontecerá com o oceano"*; e se reconhecêssemos, como São Francisco de Assis (1182-1226), que todos os seres de todos os reinos somos todos irmãos e irmãs, isto é, somos absolutamente iguais nesta fantástica fraternidade universal; como seria se esta crença iluminasse as nossas decisões? Como seria se acreditássemos de verdade em nossos sonhos? E se colocarmos toda a nossa energia, todo o nosso esforço para vivermos a vida o mais plenamente possível buscando a perfeita alegria, que é o desejo de todos? E se acabarmos com a dicotomia que separa vida pessoal e profissional para que esta alegria seja também um imperativo no mundo do trabalho? Se é verdade que somos nós que criamos o futuro, então podemos vislumbrar e criar um futuro melhor? E se não tivermos medo e ousarmos realizar nossos propósitos? E se as empresas – suas lideranças – se deixarem conduzir pelos valores que afirmam possuir? Como seria se, ao invés de perdermos tanto tempo investigando os erros e os pontos fracos, nos dedicássemos mais a descobrir o belo, os pontos fortes, o que funciona, o que gera alegria? E se... E por que não?

Podemos afirmar que a natureza da crise que vivemos é de ordem paradigmática e espiritual. Paradigmática porque foi construída sobre as bases do racionalismo científico-materialista que é limitante para compreender o caráter complexo, sistêmico e cooperativo de tudo no universo; e espiritual porque este modelo ignorou a essência do humano e os valores humanos/espirituais foram descartados do mundo dos negócios.

Boff comenta que

> a Modernidade procurou eliminar da realidade sua dimensão religiosa, desqualificando-a como um resíduo irracional do passado ou como um conjunto de mitos que mais atrapalham do que ajudam. Não acreditam, como hoje afirmam tantos antropólogos, que a alma secreta de cada povo e cultura está em sua religião. É por ela e não por ideologias que as grandes maiorias da humanidade se orientam, iluminam suas vidas e dão sentido ao seu sofrimento e à morte.

Evidentemente não se trata aqui de nenhuma religião específica, mas da dimensão religiosa-espiritual que é inerente ao ser humano. O preço que se paga por esta exclusão é muito alto, porque implicou a materialização da vida e a desvalorização dos valores essenciais que todas as grandes tradições religiosas definiram como fundamentais para a existência e convivência humana na Terra.

É preciso ressaltar que se entende hoje que é possível desenvolver uma espiritualidade sem religião, mas que não se pode ter uma religião autêntica sem cultivar a espiritualidade. Como a palavra religião significa religar o humano ao Transcendente, essa re-ligação só é possível como experiência do Espírito em todos os acontecimentos da vida, de modo que a conduta humana seja transformada pelo Divino.

John Renesch, respeitado empresário, futurista e filósofo do mundo dos negócios, denuncia o dualismo que o paradigma materialista nos levou a viver quando diz que o espírito humano vive em todos nós, inclusive nos homens e mulheres de negócios, só que estes representam um papel e se esquecem de sua alma. Sua análise se refere à exclusão da dimensão espiritual do dia a dia da vida corporativa. Ao privilegiar a racionalidade científica, o homem abandonou o que lhe é mais precioso e capaz de dar significado à existência e ao seu trabalho.

A espiritualidade significa como o ser humano cultiva sua relação com o Sagrado, com o Transcendente que pode assumir diversos nomes de acordo com as crenças religiosas, e como esta experiência do espírito possibilita viver a vida em sua plenitude. Esta relação com o Mistério define a forma de olhar a vida, o mundo, isto é, uma cosmovisão que procura dar sentido a todas as coisas, e, ao saborear o que realmente importa, desenvolve a sabedoria de viver. Desse modo, a espiritualidade deve perpassar todas as esferas da vida: política, econômica, sociocultural, profissional, e não somente a interioridade do indivíduo e a prática religiosa, pois se assim fosse não faria sentido algum. A espiritualidade que pretende ligar o ser humano ao Transcendente e não o liga também ao imanente – principalmente aos seres humanos, nos quais Ele se revela e não contribui para que a vida seja respeitada em sua plenitude – não é autêntica. Aprendemos erroneamente a separar todas as coisas e, devido a esta fragmentação, o ser humano está sofrendo e provocando sofrimento.

Então queremos enfatizar que espiritualidade não é espiritualismo como algo que separa espírito da matéria, não se confunde com a religiosidade que constitui uma forma de sua expressão e, tampouco, é moralismo. Para os cristãos, a entendemos como uma graça para viver a vida segundo o Espírito de Deus, e esta experiência de vida está presente em todas as religiões; até mesmo pessoas que não estejam vinculadas a religiões podem se deixar conduzir pelos valores espirituais.

Nestes tempos em que percebemos a vida tão ameaçada, a espiritualidade necessariamente tem que adquirir o tom de gratidão por tudo o que somos, por tudo o que recebemos, conquistamos e realizamos; o tom da fé que significa a confiança absoluta, profunda e existencial no Transcendente que tudo rege, que tudo provê, que de tudo cuida – a este Transcendente Imanente nós pertencemos; o tom do respeito, do amor, da afirmação ardorosa da vida humana, de todos os seres e do planeta, pois todos somos filhos e filhas gerados no mesmo útero divino e, portanto, irmanados nesta existência. O que também implica se posicionar contra tudo o que pretende aniquilar e destruir a vida. É o profundo respeito e amor à vida que move os seres humanos e pode fazer com que transforme o modo de viver, superando os obstáculos, para construir um mundo onde a vida seja, de fato, boa para todas as pessoas e seres vivos e para o planeta.

Aplicada à liderança, a espiritualidade se manifesta na maneira como o líder vê o ser humano e como lida no dia a dia com as questões da gestão e com a vida em geral, porque, queira ou não, é sempre a vida – e não só a humana – que está em jogo. Implica tomar consciência dos pressupostos em relação à gestão de pessoas e dos negócios. Por exemplo: Quais são as crenças determinantes no tocante às pessoas? São as pessoas confiáveis ou não? Acredita-se realmente que reconhecer, apreciar e valorizar as pessoas proporciona alegria, eleva a autoestima e gera maior comprometimento? E a comunicação transparente contribui para melhorar as relações e os resultados? Criar um clima de respeito, confiança, de afeto, de alegria ajuda a reter as pessoas nas empresas? Um trabalho que tenha significado pode, realmente, fazer diferença na vida das pessoas e no lugar onde elas trabalham? As pessoas preferem o isolamento ou a inserção em uma comunidade na qual são amadas, respeitadas em sua dignidade, desafiadas e estimuladas para o desenvolvimento contínuo? Se nossas crenças são determinantes para nossa conduta – *a árvore boa se conhece pelos frutos* –, precisamos olhar com atenção para nossas práticas de gestão a fim de averiguar se estamos sendo coerentes com os valores que dizemos ter. Se implica a visão que se tem do ser humano, necessariamente também implica como se vê, como se percebe no mundo, como está respondendo à sua vocação e missão no mundo. A espiritualidade como a maior expressão do amor e valorização da vida deve estar presente em todas as ações humanas, mas seguramente começa com a transformação dentro de cada um de nós.

Portanto, há uma inegável dimensão pessoal que, na prática, expressa-se na conduta ética, na relação com os outros, na atitude frente aos mecanismos geradores de morte e destruição e no compromisso com os mecanismos que geram e mantém a vida para todos. Há uma dimensão social que implica as relações com clientes, fornecedores, comunidade e todos os *stakeholders* de forma também positiva, tendo em vista o bem comum. E há ainda um caráter político-econômico que envolve o comportamento na defesa de leis, estruturas, políticas governamentais e organizacionais que favoreçam o desenvolvimento sustentável.

Se pretendemos que as organizações sejam duradouras e com alto nível de comprometimento e desempenho, precisamos investir também na dimensão do espírito, isto é, no ser humano por inteiro. Até porque não se pode falar em ser humano se não contemplar sua dimensão espiritual. Enquanto os dirigentes pensarem somente em suas próprias necessidades e desejos e não respeitarem as necessidades dos demais; enquanto olharem tão somente para os resultados imediatos das organizações indiferentes à vida presente dentro e fora das empresas que dirigem, não construirão comunidades que devem ser a base para um negócio sustentável.

Esta compreensão se estende também para a empresa quando a entendemos como um organismo vivo; é como explica Ikujiro Nonaka:

> Uma empresa não é uma máquina, mas um organismo vivo e, bem à semelhança de uma pessoa, pode ter um senso coletivo de identidade e propósito fundamental. É este o equivalente organizacional do autoconhecimento – um entendimento compartilhado do que a empresa representa, para onde ela está rumando, em que tipo de mundo ela quer viver, e, o que é mais importante, como ela tenciona tornar esse mundo uma realidade.

Entendemos, portanto, que é uma responsabilidade inalienável das lideranças empresariais investirem na formação de comunidades, porque pertence à essência humana viver em comunidades. Se as empresas se transformarem em espaços de comunidades, certamente obterão alto nível de comprometimento, pois nesta forma de organização as pessoas estão unidas, se relacionam empaticamente, se comunicam de modo assertivo e transparente, se superam e vencem as adversidades porque o foco está em cuidar do bem comum.

Momentos memoráveis

Embora a pós-modernidade venha condicionando a todos de forma, muitas vezes, perversa a viver em constante competição e em individualismo extremo, nós, humanos, ansiamos por vida comunitária. Os momentos memoráveis de cada um, em geral, estão relacionados à alegria do encontro, à comunhão de ideias e ideais, à partilha, aos esforços combinados para realizações mútuas, aos gestos de solidariedade; enfim, é na comunidade que nos sentimos mais plenamente vivos e humanos. Este anseio humano precisa ser resgatado, estimulado para que prevaleça sobre nossas debilidades egoístas.

Lembro-me de uma estória que ilustra bem o que quero dizer. Conta-se que, após uma longa jornada, um peregrino encontra uma sombra de uma árvore e ali, recostando-se em uma pedra, descansa de sua caminhada pelo mundo.

Tendo dormido por um bom tempo, desperta e se dá conta de que a pedra que havia utilizado para se recostar era, na verdade, uma lápide, onde constava o nome de um menino de poucos anos de idade. O peregrino, ainda chocado por ter dormido sobre uma sepultura, olha ao redor e vê outras lápides e, percorrendo aquele campo, observa que em cada uma delas consta o nome de meninos e meninas e seus respectivos tempos de vida.

Ao dar-se conta de que estava em um cemitério e, pelas lápides, um cemitério exclusivamente de crianças, pôs-se a chorar convulsivamente, atordoado ainda pelo impacto que a cena – tão real – lhe causara. "Que maldição haverá neste lugar para morrer tantas crianças, a ponto de se ter um cemitério só para elas?", pensou o peregrino.

Quando assim pensava e chorava a morte daquelas crianças, aproximou-se um cidadão do lugar e, tentando consolá-lo, perguntou-lhe se chorava por algum parente que ali estava enterrado.

O peregrino lhe respondeu que não havia nenhum parente seu ali e, contando sua história de peregrinação pelo mundo, perguntou-lhe que maldição havia caído sobre eles para morrer tanta criança a ponto de se ter um cemitério só para elas?

Então aquele homem lhe contou que não havia maldição alguma naquele lugar, ao contrário, havia uma bendita tradição na cidade, e foi lhe dizendo:

– Toda vez que nasce alguém aqui, a pessoa recebe, ao nascer, um presente da família que é um caderninho de couro, como este que carrego pendurado em meu pescoço. E nós somos educados para que, à medida que vamos tomando consciência, passemos a anotar em nosso caderno quanto tempo duraram os melhores momentos, isto é, os momentos memoráveis de nossa vida. Significando o tempo de nossas grandes alegrias, tempo em que nos sentimos plenamente vivos, plenamente humanos e felizes; assim, registramos quanto tempo durou a emoção do abraço, do beijo, do sorriso; o tempo de duração daquela conversa que marcou definitivamente nossa vida e o tempo que aprendemos quando decidimos escutar os mais sábios; o tempo que nos dedicamos a servir ao outro e à comunidade, trabalhando para que nossa cidade seja um bom lugar para se viver; enfim, registramos todo o tempo que saboreamos a vida e todos os nossos momentos de realização. Quando a pessoa morre, alguém da família abre o caderno e contabiliza o tempo registrado e então colocamos na lápide, porque, para nós, este é o tempo que valeu a pena ter vivido, o resto... o resto a gente nem conta.

Os momentos memoráveis são nossos momentos culminantes, de plenitude, momentos inesquecíveis, quando nos sentimos cheios de vida. Nessas horas, encontramos o significado da vida, nos aproximamos da Transcendência e nos tornamos realmente vivos.

Quando dermos mais atenção ao que realmente importa em nossa vida, certamente viveremos melhor, mais sabiamente e faremos diferença na vida das pessoas com quem convivemos e no mundo. Quando soubermos cultivar mais profundamente a espiritualidade e a simplicidade, não desperdiçando o tempo com as futilidades, e nos empenharmos para nos aproximarmos mais das pessoas, escutando-as, compreendendo-as e interagindo com atitude de diálogo e respeito às diferenças, certamente nos tornaremos mais enriquecidos em sabedoria, seremos mais plenamente humanos.

Assim também os gestores precisam identificar os momentos que se tornam memoráveis na história da organização e necessitam aprender com eles para que se perpetuem, vitalizando e motivando as pessoas. Precisam registrar no "caderninho de couro" da empresa: Quando as pessoas trabalharam de maneira mais harmônica, mais felizes? Quando a alegria dentro da organização contagiou clientes, fornecedores e todos os demais grupos de interesse? Quando os processos funcionaram satisfatoriamente, produzindo excelentes resultados? E ao relacionar estes e muitos outros aspectos, também se concluirá quais foram os tempos que valeram a pena ser vividos, encontrando-se neles a força, a inspiração e a motivação para vencerem as adversidades e superarem os desafios que continuamente se apresentam.

Consciência planetária

Precisamos ainda ampliar a consciência de que fazemos parte de uma comunidade muito maior, não só a família, os amigos, a comunidade do trabalho, mas comunidade de vida humana e planetária, e, com esta consciência, temos de contribuir para que todo o desenvolvimento doravante somente seja considerado como tal se for sustentável, valorizando a vida em sua plenitude. Como afirma o preâmbulo da *Carta da Terra*:

> Estamos diante de um momento crítico na história da Terra, numa época em que a humanidade deve escolher seu futuro. [...] Para seguir adiante, devemos reconhecer que no meio da uma magnífica diversidade de culturas e formas de vida somos uma família humana e uma comunidade terrestre com um destino comum. Devemos somar forças para gerar uma sociedade sustentável global baseada no respeito pela natureza, nos direitos humanos universais, na justiça econômica e numa cultura da paz. Para chegar a este propósito, é imperativo que, nós, os povos da Terra, declaremos nossa responsabilidade uns para com os outros, com a grande comunidade da vida, e com as futuras gerações.

Esta *Carta* na verdade é o grito da Terra. É o clamor de pessoas subjugadas por um "modelo" que tem destruído a vida e cujos efeitos são os sinais da morte que se anuncia. Nos últimos séculos, fomos cruéis com o planeta. A situação é extremamente crítica e os fatos falam por si: meio ambiente degradado, recursos naturais desperdiçados, desequilíbrio no ecossistema com mudanças climáticas que nos assustam.

Ampliando nossa visão, também vemos o sofrimento da Mãe Terra nas dores de seus filhos que têm sua inviolável dignidade ferida pela fome, miséria, abandono, desemprego, intolerância, violência que também se manifesta de várias formas nos ambientes organizacionais, retirando-lhe a possibilidade de viver a plena alegria da vida.

Quando nos defrontamos com esta situação, quaisquer outros argumentos esvanecem e esta se torna um imperativo a conclamar a todos para uma metanoia, isto é, para uma profunda transformação na maneira de viver, de liderar, de governar, sob pena de sermos condenados pelos males que todos causamos, seja quando nós próprios os geramos, seja quando nos omitimos quando os testemunhamos.

Diante deste cenário, uma nova consciência deve emergir para que assumamos nossa responsabilidade pela vida. E se esta é uma responsabilidade de todos, muito maior é a dos líderes que devem inspirar e influenciar para que as transformações de fato aconteçam nas organizações, nas cidades, no mundo. De acordo com Maslow:

> O homem melhor e o grupo melhor são ambos causas e efeitos e o grupo melhor e a sociedade melhor são ambos causas e efeitos. Ou seja, uma pessoa melhor tende a fazer com que o grupo do qual faz parte torne-se melhor. E quanto melhor um grupo, mais ele tende a melhorar a pessoa que dele faz parte. O mesmo se aplica ao grupo na sociedade mais ampla. Uma pessoa influencia a outra. Uma forma simples de dizer isto é citar Goethe: "Se todos no mundo limpassem seu jardim, sua calçada, todo o mundo ficaria limpo". Uma outra forma

de dizer isso é dizer que todas as pessoas exercem influência psicoterapêutica ou uma influência psicopatogênica em todas as pessoas com quem têm contato.

Já provamos com nossa inteligência a nossa capacidade para progredir, utilizando com eficiência os recursos disponíveis, desenvolvendo variadas tecnologias que possibilitaram aumentar o tempo e a qualidade de vida da maioria da população. Falta, no entanto, o essencial, como afirma Joseph Jaworski: *"Quando tudo já se disse e se fez, a única mudança que pode fazer alguma diferença é a transformação do coração humano"*.

Urge, portanto, uma revisão em nosso modo de viver como indivíduos e organizações, pois o que está em jogo é a vida humana e a sustentabilidade da nossa casa, o planeta Terra. Precisamos investir logo na expansão da consciência, recuperar a inteireza humana e aqueles que lideram, que saibam de fato influenciar e promover as transformações necessárias. E só haverá efetivamente transformação quando forem percebidas mudanças fundamentais no comportamento pessoal e organizacional. Para que ela ocorra, é preciso disposição, abertura, aprendizado com os erros, revisão das crenças, modelos mentais e dos valores. Insisto em afirmar que a condição para se tornar um excelente líder é ser, antes de tudo, um excelente ser humano.

Urge mergulhar em "águas mais profundas" – a dimensão espiritual –, que é, na prática, a vivência dos valores, traduzindo-os em atitudes nos ambientes onde passamos este tempo. Todos sabemos que somente as competências técnico-administrativas não são suficientes para promover as transformações que ansiamos. O acelerado processo de transformação pelo qual estamos passando em todas as esferas da vida exige uma nova postura de todas as pessoas que pretendem liderar outros para obter resultados.

Precisamos todos descobrir o que verdadeiramente é importante e re-conhecer nossa essência: os valores humanos que dão sentido à vida e possibilitam vivê-la com toda a profundidade que ela exige.

Eis o que Drucker afirma:

> Assim, teremos de aprender a desenvolver novos conceitos do significado de "desempenho" numa empresa, novas medidas, e assim por diante. Ao mesmo tempo, porém, o desempenho terá de ser definido em termos não financeiros para que tenha significado para os trabalhadores do conhecimento que gere "compromisso" por parte deles. E esse é um retorno não financeiro, um "valor".

São os valores que orientam o comportamento e sustentam os relacionamentos saudáveis, proporcionam êxito nas atividades, nas negociações, nas relações com os clientes e trazem efetivos resultados que transcendem a velha definição do tangível e mensurável.

Somente os líderes que assumirem a responsabilidade pela vida em sua plenitude hão de promover a transformação tão urgente e necessária; são eles que, fazendo a diferença, conseguirão alavancar os negócios de maneira sustentável, porque saberão envolver todas as partes interessadas tendo em vista não só a empresa, mas também a sociedade e o meio ambiente.

Muito se tem investido e realizado em termos de aperfeiçoamento da tecnologia, dos processos, da arquitetura e reestruturação das organizações, mas pouco se tem feito pela transformação das mentes humanas. Se quisermos promover uma evolução na vida humana, organizacional e planetária, precisamos antes embelezar as estruturas externas, precisamos buscar a essência do humano em nós mesmos e nas organizações. Entendendo que este é um processo dialético e recursivo, na qual todos somos produtores e produtos, neste sentido precisamos não só nos tornar melhores como pessoas, mas criar estruturas que favoreçam a realização das potencialidades humanas.

Sabemos que não só sofremos os condicionamentos do ambiente, mas que também somos nós os construtores das estruturas e dos ambientes que nos condicionam. Porém, como enfatiza Moltmann, curiosamente isto não vale para todos os tipos de estrutura, pois enquanto as estruturas injustas e más de alguma forma, inclusive com ameaças, forçam as pessoas ao mal, as estruturas boas não tornam as pessoas automaticamente melhores. Não existe e nunca existirá uma ditadura do bem. É a pessoa que deve usar sua liberdade para escolher o caminho da justiça, da fraternidade e do que é digno.

Assim, permanece o desafio de trabalhar para reduzir as causas da tristeza e infelicidade humanas e criar condições que favoreçam a plena alegria, com estruturas e modelos de gestão que privilegiem a justiça, a ética, a fraternidade, a confiança e o respeito; enfim, nas quais o ser humano seja reconhecido em sua dignidade e em que a vida seja respeitada em sua sacralidade. É exatamente isso que Maslow tanto defendeu em seus estudos sobre o gerenciamento e a motivação humana, quando afirmou que os melhores gerentes aumentam a saúde dos trabalhadores que gerenciam.

Isto exige um novo olhar. O olhar analítico-reducionista marcantemente racionalista e materialista predominante nos últimos séculos fez com que nos perdêssemos no caminho e tomamos muitos atalhos, e se é verdade que houve progresso em termos de tecnologia e ciência, há de se perguntar por que não houve também progresso da consciência humana. A maneira como olhamos determina como caminhamos. Portanto, é urgente a mudança de olhar. Um novo olhar: um olhar franciscano que conseguiu enxergar tudo e todos como irmãos e irmãs. Um olhar que seja mais amplo, abrangente e profundo, sistêmico, complexo, como diz Edgar Morin. Novo olhar: nova atitude. Uma nova postura. Um novo jeito de liderar. A temática do paradigma complexo e da transdisciplinaridade foi abordada em meu livro *Precisa-se (de) ser humano*, no qual concluo que é *"preciso humanizar o mundo, humanizar as empresas, humanizar as relações, e isto se faz começando por humanizar-se a si mesmo. E, necessariamente, começará quando tomarmos consciência da dignidade da pessoa humana e da Vida em sua totalidade que se manifesta em todos os seres"*. Eis a exigência destes tempos que estamos vivendo. Qual é, então, a proposta de Francisco de Assis?

3

A LIDERANÇA E A PERFEITA ALEGRIA DE FRANCISCO DE ASSIS

"Não vim para ser servido, mas para servir"(Mt 20,28), diz o Senhor. Os que estão constituídos sobre os outros não se vangloriem dessa superioridade mais do que se estivessem encarregados de lavar os pés aos irmãos. [...] Devem, pelo contrário, mostrar-se alegres, de bom ânimo e felizes no Senhor, como lhes convém. E quando saúdam outras pessoas, devem dizer: "O Senhor te dê a paz".

Francisco de Assis

Considerando que o trabalho das lideranças deve proporcionar alegria pelos resultados alcançados e que o local de trabalho deve ser local de realização humana, quais são as virtudes do líder segundo Francisco de Assis e o que ele tem a nos dizer sobre a perfeita alegria?

Lembrando que temos de situar Francisco em seu contexto histórico, e que não é objetivo nosso fazer uma biografia (anexo) deste notável ser humano reconhecido no mundo inteiro como homem do milênio e que continua – ao longo dos séculos – inspirando escritores e artistas, creio também ser possível extrair grandes lições de sua vida para as lideranças e a alegria nas organizações.

Ele ousou ser diferente e não só revolucionou a Igreja e a sociedade assisiense do século XIII como também se tornou universal e atemporal: ainda hoje é referência para milhões de pessoas no mundo.

O momento histórico vivido por Francisco foi determinado por uma grande transformação: era o declínio do feudalismo e a ascensão do mercantilismo com o surgimento das cidades baseadas no comércio. Havia, de fato, uma crise com a aparição da burguesia e, nesse contexto, sua figura emergiu como uma força para inspirar na solução dos conflitos e dos novos desafios socioeconômicos, culturais e religiosos.

Vivendo num tempo marcado pela força dos poderes políticos, econômicos e religiosos e pela alta competição e ódio entre todos os poderes, podemos imaginar o quão impactante foi a proposta de relacionamento fraterno vivida e apresentada por Francisco!

A *sabedoria da pobreza*

Contrariando a ganância paterna – representativa da burguesia nascente –, ele se despojou de tudo e de todas as possíveis formas de ter: poder, bens materiais, prazeres, porque acreditava que o valor humano está no ser e não no desejo incessante de possuir sempre mais. Sabia que a satisfação do próprio ego e o apego aos bens materiais é mais fonte de conflitos e sofrimento do que de alegria. Percebia que a riqueza material servia mais como instrumento de dominação e exploração dos outros do que serviço e beneficiamento dos mais necessitados. Compreendeu, como nos diz Boff, que o sentido da vida humana não está em criar e acumular riquezas, mas construir fraternidade; assenta-se não no ter, mas no ser solidário e compassivo para com todos os seres da criação.

Certa vez, quando foi estimulado pelo seu amigo e bispo Dom Guido que tivesse ao menos alguns bens necessários para viver, ele respondeu:

> Ó meu senhor, se tivéssemos haveres não seríamos cridos quando falássemos de caridade e de penitência; e, além do mais, seriam necessárias armas para defendê-los, porque da pro-

priedade nascem litígios e disputas e, não raro, fica de muitos modos prejudicado o amor de Deus e do próximo. Por isso, não queremos possuir nenhum bem temporal.

Ao optar pela pobreza, creio que Francisco não só denunciou os riscos do materialismo como anunciou, profeticamente, que viver de maneira mais simples é o melhor caminho para uma vida mais plena; que a coerência entre o discurso e o que realmente é vivido é condição essencial para a credibilidade. Com sua atitude, ele ainda nos interpela a pensar sobre o que precisamos realmente para viver. Sabemos da importância de se renunciar ao atual nível de consumo de futilidades que nunca preenchem a vida, e que é necessário e urgente escolher a simplicidade como caminho para a verdadeira alegria. Aliás, antes de Francisco muitos sábios já alertavam sobre isso, por exemplo: Epicuro (341-270 a.C.) na *Carta sobre a felicidade* afirmou "*habituar-se às coisas simples, a um modo de vida não luxuoso, portanto, não só é conveniente para a saúde como ainda proporciona ao homem os meios para enfrentar corajosamente as adversidades da vida: nos períodos em que conseguimos levar uma existência rica, predispõe o nosso ânimo para melhor aproveitá-la, e nos prepara para enfrentar sem temor as vicissitudes da sorte*"; Sêneca (4 a.C.-65 d.C.) que, mesmo sendo rico, optou por uma vida simples e dizia que "*o sábio não está obrigado a pobreza, mas experimentar o inverso nos torna mais humanos*", e:

> Vou ensinar-te agora o modo de entenderes que não és ainda um sábio. O sábio autêntico vive em plena alegria, contente, tranquilo, imperturbável; vive em pé de igualdade com os deuses. Analisa-te então a ti próprio: se nunca te sentes triste, se nenhuma esperança te aflige o ânimo na expectativa do futuro, se dia e noite tua alma se mantém igual a si mesma, isto é, plena de elevação e contente de si própria, então conseguiste atingir o máximo bem possível ao homem! Mas se, em toda a parte e sob todas as formas, não buscas senão o prazer, fica sabendo

que tão longe estás da sabedoria como da alegria verdadeira. Pretendes obter a alegria, mas falharás o alvo se pensas vir a alcançá-la por meio das riquezas ou das honras, pois isso será o mesmo que tentar encontrar a alegria no meio da angústia; riquezas e honras, que buscas como se fossem fontes de satisfação e prazer, são apenas motivos para futuras dores.

Além disso, é inquietante pensar em quantos não têm as condições mínimas para viver dignamente enquanto outros esbanjam e desperdiçam, e tantos danos geram para a própria vida e para o planeta.

Em termos de organização, parece-me ser clara sua mensagem: é preciso adotar um modelo de administração que seja mais austero, que tenha foco e dê mais atenção ao que é essencial, evitando os desperdícios e tantas despesas supérfluas. A austeridade na gestão é imprescindível principalmente nestes tempos. E, infelizmente, temos que admitir que a falta de visão faz com que não sejam raros os casos de empresas que, ao pretenderem reduzir seus custos, demitem e deixam de investir nas pessoas que constituem seu principal capital.

O ideal

Francisco foi, sem dúvida alguma, um ser humano extraordinário e, por isso, um santo, isto é, um homem são, inteiro, íntegro. Santidade quer dizer que viveu a dom da vida de acordo com a visão que tinha de Deus e com a sabedoria que Ele lhe inspirava. Por esse motivo, procurava olhar a vida, os acontecimentos, o mundo e as pessoas na perspectiva de Deus. Em tudo procurou ser autêntico e coerente, buscando descobrir a transcendência em toda experiência, porque sabia que o Deus em quem acreditava estava presente em todas as coisas e em todos os acontecimentos.

Também nele reconhecemos uma grande liderança e um grande organizador, visto que de sua intuição e inspiração brotaram grandes estruturas religiosas que, subvertendo todos os valores estabelecidos, podemos assim dizer, refundaram a Igreja medieval e seu pensamento transformou o modelo mental da época, assim como foi posteriormente a revolução copernicana.

Não se incomodou quando foi chamado de louco e ridículo – é este o risco de quem pretende concretizar seu ideal, de quem entende que a utopia é apenas o ainda não realizado –; ao contrário, fortaleceu-se em sua determinação para transformar aquela realidade *que estava em ruínas* com novas e diferentes práticas que abrissem novos horizontes para todos.

Sua causa era nobre e tinha convicção de que deveria começar por ele próprio. Tinha plena consciência de que era responsável pelo seu destino, mas não somente pelo próprio destino; sentia-se também responsável pelo destino de todos os seres humanos, de todos os seres vivos e do planeta, porque a todos via como irmãos e irmãs, isto é, todos como essencialmente iguais. Seu propósito era fazer com que as pessoas se tornassem mais humanas e que o mundo, assim, se tornasse melhor. Quem tem um propósito nobre, quem tem certeza do que quer e coloca toda a sua força para realizar, não só o realiza como abre caminhos e deixa lições para a humanidade.

Para concretizar seu ideal, entendeu que precisava abandonar o mundo, isto é, precisava abandonar o mundo desumano que gera excluídos, como os leprosos do seu tempo, o mundo dos preconceitos e das vaidades dos nobres cavalheiros e da burguesia emergente do século XIII.

Abandonou este mundo para encontrar a Deus no mundo – pois não há outro lugar para encontrá-lo – e, como não fazia distinção entre o que é sagrado e profano, pôde encontrar a Deus em todas as coisas: na natureza, nos acontecimentos e experiências da vida, no dia a dia e nas pessoas, sobretudo naquelas que sofrem e que foram postas à margem por aqueles que detinham o poder político-econômico-religioso.

A espiritualidade e a alegria

Francisco desenvolveu sua espiritualidade a partir da experiência do Deus que se encarna na história humana, e com Ele aprendeu no silêncio e na oração a importância da simplicidade, da alegria, da pobreza, da solidariedade, da justiça e da paz. Sua espiritualidade brotou e foi cultivada neste encontro pessoal com Deus que a ele se revelou em tudo e em todos. Ela não o afastou da realidade; ao contrário, para ele crer no mistério da encarnação de Deus, significava ir ao encontro desse Deus reconhecendo-o na contingência da história. Sentia que Deus o esperava e a ele se revelava em todas as coisas.

Entendia que a encarnação de Deus dignificava de tal modo a vida que ela tinha que ser respeitada e venerada em todas as suas expressões, sobretudo onde ela é mais frágil. Daí seu cuidado para com os excluídos de seu tempo. Hoje, certamente seu cuidado seria o mesmo, e ainda para com todas as criaturas que sofrem ameaças de extinção.

Sonhava com o mundo novo de fraternidade universal, de paz, por isso se esforçava para promover a convivência fraterna, o diálogo, o perdão. E, como um mestre, desenvolveu sua pedagogia para ensinar as pessoas a viver melhor. Para ele, a paz só será possível quando houver justiça e todos tiverem suas necessidades básicas satisfeitas. Ampliou de tal modo sua visão que incluiu numa grande interdependência os animais, os vegetais e minerais e todo o Cosmos. A paz deve incluir a todos, não só os humanos.

Reconhecidamente era o homem da alegria, definia-se como o irmão sempre alegre – não um bobo alegre e alienado, ao contrário, tinha plena consciência da conjuntura em que vivia e sabia que a alegria fruto da alienação é estéril. Sua alegria estava na partilha, na comunhão com tudo e com todos, onde identificava a presença do Sagrado. Foi alguém que compreendeu o sentido mais profundo da alegria, aquela que aperfeiçoa a alma, isto é, saber-se amado por Deus e, por isso, irradiava-a por onde passava.

Conta Tomás de Celano (*Fontes Franciscanas*, 2Cel 127), seu primeiro biógrafo, que frequentemente era visto empunhando um galho como se fora um violino, de onde tirava notas musicais com gestos e se punha a cantar. Obviamente a música não saía do tosco graveto, mas de um coração inspirado que tinha muitos motivos para se alegrar e contagiar as pessoas com seu estado de espírito.

Suas inúmeras biografias atestam que ele tinha o dom da simpatia e a alegria de viver. Se antes compartilhava seus bens com os seus amigos nas tabernas de Assis, depois passou a fazê-lo com os pobres e leprosos da região. Nele não se via sinais de tristeza.

A tristeza é a doença do diabo. *Dia-bolos* é tudo aquilo que divide, que fragmenta, que desune e destrói; a tristeza é diabólica quando faz alguém pensar somente em si mesmo, em seus interesses e não trabalhar para o bem comum. Alegria é gratidão para com Deus, confiança em Deus, estima exata do valor da vida, pureza de coração, renúncia a si mesmo e amor ao próximo. É nesse sentido que Francisco dizia: "*Procura mostrar-te sempre alegre a fim de ajudares teus irmãos a viverem no serviço do Senhor. Se a ação, embora boa, não parece feita de boa vontade e com ardor, antes gera o tédio do que leva ao bem*".

E Boff assim reflete:

> Mostrou em sua vida que, para ser santo, precisa ser humano. E para ser humano é necessário ser sensível e terno. [...] A ternura de Francisco se mostra especialmente nos relacionamentos humanos. Rompe com a rigidez da hierarquia feudal e chama a todos os homens de irmãos. Ele mesmo se deixa chamar de irmãozinho: "Queria que os maiores se unissem aos menores, que os sábios se ligassem aos mais simples por um amor fraterno e que os afastados se sentissem ligados por um amor de união".

As possibilidades do ser

Sua reconhecida eloquência advinha não só de sua oratória, mas, sobretudo, de sua coerência. Seu modo de viver e de transmitir seu propósito começou a atrair outros cidadãos de Assis que, espontaneamente, também deixaram tudo e se comprometeram com o mesmo ideal. É impossível que os grandes ideais, que os grandes sonhos, que as grandes causas do homem não atraiam seguidores!

Assim, o jovem Francisco acolheu com a mesma amizade e alegria seus velhos conhecidos e os novos entusiastas que foram se apresentando, e juntos criaram uma comunidade, que, por assumir integralmente a proposta franciscana, foi capaz de disseminar pelo mundo uma grande revolução. Sentia-se interpelado e questionava a Deus sobre sua missão. Percebeu que não tinha que desenvolver somente a si na disciplina, oração e austeridade que se impunha, mas trabalhar arduamente para que também os outros evoluíssem; e assim se colocou a serviço de todos. Ele tinha consciência do grande desafio que a vida lhe proporcionava e que constituir uma comunidade forte e comprometida com a causa era imprescindível para a realização de seu projeto de vida. Sentia-se imensamente responsável por todos e por tudo o que fazia. E sendo cobrado por isso, alegrava-se e agradecia a todos que o lembravam de sua missão. Foi o que fez no episódio que relato a seguir (ah! se todas as lideranças tivessem a mesma consciência de sua responsabilidade...):

Conta-se que certa vez, quando já estava enfraquecido e doente e ia para o Monte Alverne montado em um burrinho, deu-se o seguinte diálogo com um camponês:

– Dize-me, és esse Francisco de Assis, do qual se diz tanto bem?

– Sou – respondeu ele.

– Pois, então, trata de seres tão bom quanto és considerado por todos, porque são muitos os que têm confiança em ti e não deves iludi-los.

Aos poucos, em sua trajetória, foi ficando claro que não era suficiente transformar a si mesmo se também não trabalhasse para transformar as estruturas. Era preciso rever todos os pressupostos da Igreja e da sociedade que fomentavam e/ou mantinham a situação de exclusão e injustiça social. Não é diferente hoje; é preciso que nos tornemos melhores como seres humanos e atuemos corajosamente para humanizar as estruturas que alienam o ser humano e atentam contra a dignidade da vida.

Quando já eram um grupo de doze, considerou importante obter a aprovação da Igreja para viver segundo o Evangelho, constituindo uma nova ordem religiosa. Francisco era determinado e tinha profunda fé em seu ideal, e sabia que *"para aquele que crê tudo é possível"* (Mc 9,2). Nesse sentido, todas as pessoas que creem – como Francisco – se transformam em seres de possibilidades. É preciso crer para realizar, para tornar possível o que, para muitos, pode ser impossível.

E assim foi de Assis a Roma com um bando de homens maltrapilhos, alegres e otimistas, para conversar com o poderoso Papa Inocêncio III. E o que parecia improvável, aconteceu: não só o papa os recebeu como lhes concedeu a aprovação que buscavam. É sempre assim: quando se tem um propósito claro na vida e se acredita que sua realização é possível, uma força sobrenatural atua e todas as portas se abrem, aparecem pessoas no caminho para ajudar e os obstáculos são superados. E quando este propósito é compartilhado por um grupo e todos estão com ele comprometidos, com o desejo de servir e transformar uma realidade, essa força é potencializada e nada impede que o sonho se realize.

Moltmann, um dos grandes teólogos da atualidade, comenta:

> Muitas pessoas possuem mais capacidades do que pensam possuir. Por quê? Julgamo-nos incapazes de muitas coisas só porque temos medo da derrota: quem tem muitos planos também terá muitos fracassos. Mas quem se retrai para dentro de

si próprio, ou quem se esconde por medo da derrota ou das reações das outras pessoas, ou por medo de perder suas relações, este não tem como conhecer suas próprias possibilidades. Deixa de dar vez a todas as suas possibilidades de vida. Mas então ele também nunca aprende a conhecer seus próprios limites. Só quando alguém tenta ultrapassar seus próprios limites é que terá condições de conhecê-los e de aceitá-los. Existem pessoas que de antemão consideram tudo impossível e permanecem a si próprias anônimas. Mas também existem pessoas que acreditam no que é possível: "a Deus tudo é possível". Não resta dúvida de que com esta fé nas possibilidades elas hão de passar por fracassos, mas também hão de sentir a força de levantar-se depois das quedas.

A jornada do herói

Com sua determinação, fé e esperança da realização de seu ideal, ele enfrentou todos os obstáculos de seu tempo sem temor. Nada, absolutamente nada, fazia-o esmorecer diante das dificuldades. Ao contrário, em alguns momentos parecia ser atraído pelos desafios e estas ocasiões sempre lhes eram favoráveis. Esta caminhada do ser humano na direção de si mesmo e de seus ideais foi chamada por Carl Gustav Jung de processo de individuação e caracterizada por Joseph Campbell como a jornada do herói.

Em Francisco foi plenamente constelada a figura arquetípica do herói. O que isso significa? Campbell, o maior de todos os mitólogos, constatou em suas pesquisas sobre os mitos da humanidade que todo herói reúne algumas características fundamentais: o chamado à aventura, o rito de passagem, as provas e batalhas, o surgimento dos auxiliadores e a presença da força sobrenatural ao longo da jornada e, por fim, o retorno com a restauração de uma nova ordem. Afirma ele que herói é aquele indivíduo que conseguiu vencer suas limitações históricas pessoais e locais e se transfigurou, tornando-se mais humano e transmitindo aos outros a lição de sua vida. Observamos, então, na trajetória de Francisco todas essas etapas de modo admirável. Mas isso não é diferente para com todo ser humano que se determina a dar cumprimento à sua vocação (chamado), consciente de que enfrentará dificuldades, que terá de superar muitos obstáculos e vencer difíceis provas; certamente também encontrará ao longo do caminho pessoas que o apoiarão para atingir seu objetivo. E se tiver o discernimento do espírito, certamente perceberá a "mão invisível" abrindo caminhos, guiando seus passos e promovendo algumas "coincidências" surpreendentes.

Os estudos de Carl Gustav Jung confirmam como as possibilidades se realizam, e fenômenos aos quais chamou de "sincronicidade", isto é, coincidências que são significativas, começam a acontecer na vida das pessoas que têm clareza de suas intenções.

Em seus estudos, Jung observou que no Oriente, há milênios, os sábios já utilizavam o princípio da sincronicidade. No século XII, dois sábios chineses desenvolveram o *I Ching* a partir da hipótese da unidade de toda a natureza, procurando explicar a simultaneidade entre um estado psíquico com um processo físico, o que pressupõe um conhecimento intuitivo dos oráculos. Do mesmo modo, há várias referências ao princípio da sincronicidade em outras tradições perenes, entre as quais Jung destaca o taoísmo, cujo princípio fundamental é que em tudo há sentido. Para os ocidentais, os detalhes são importantes em si mesmos; para os orientais, porém, os detalhes juntos é que formam o sentido, a totalidade. Há certa afinidade entre o pensamento de filósofos e sábios da Antiguidade; entre alquimistas e cientistas; todos, de algum modo, direcionam para a mesma conclusão: o microcosmo reflete o macrocosmo; o homem interior e o exterior constituem a mesma totalidade, o suprassensível e o sensível estão unidos em plena comunhão. Corrobora ainda com os resultados de suas pesquisas antigos escritos sobre magia, nos quais constatou elementos análogos e sobre os quais pôde afirmar que

> [...] a emocionalidade da alma humana constitui realmente a causa principal de todas as coisas, seja porque, em virtude de sua grande emoção, modifica seu corpo e outras coisas no sentido em que quiser, seja porque as outras coisas inferiores estão sujeitas a ela, por causa de sua dignidade, seja ainda porque a hora adequada ou a situação astrológica ou uma outra força correm paralelas com este afeto que ultrapassa todos os limites, e (em consequência) acreditamos que aquilo que esta força opera é produzido também pela alma. [...] Assim, é a alma que deseja uma coisa mais intensamente, que torna as coisas mais eficientes e mais semelhantes àquilo que surge... Semelhante a este é o modo de produção em tudo o que a alma deseja intensamente. Isto é, tudo o que a alma faz, com este fim em vista, tem a força propulsora e a eficácia para aquilo que a alma deseja etc.

Os elementos arquetípicos do herói aparecem na trajetória de Francisco de modo exemplar: sua vocação, os obstáculos, a luta para vencê-los, a renúncia a si mesmo para alcançar um objetivo maior, a sabedoria desenvolvida ao longo da jornada, a experiência da dor, enfim, em todos os seus passos registra-se a marca indelével de um grande herói.

Do mesmo modo, a sincronicidade não foi estranha na vida deste homem. Como havia um intenso desejo em si, sucediam as chamadas coincidências significativas, seja encontrando pessoas que facilitavam a realização de seu objetivo, seja na profunda intuição e nas revelações que tinha acerca de sua missão no mundo.

Assim observamos que: seja pela leitura da fé cristã, ou na interpretação mitológica de Campbell ou, ainda, na psicologia analítica de Jung, ou conjugando todos esses referenciais teóricos a respeito do fenômeno humano, entendemos que Francisco fez a jornada do herói de maneira ímpar, abrindo caminhos na Idade Média como um verdadeiro líder servidor e provocador de transformações. Ele criou o futuro que sonhava.

Criar o futuro! Não é este um dos grandes e principais desafios que Peter Drucker, o pai da moderna administração, preconizou como fundamental para os líderes do século XXI? Com sua incontestável autoridade, afirmou que

> o líder busca mudanças, sabe como achar as boas mudanças e como torná-las eficazes, fora e dentro da organização. Isto requer políticas para criar o futuro, métodos sistemáticos para buscar e prever mudanças, a maneira certa para introduzir mudanças, dentro e fora da organização e políticas para equilibrar mudanças e continuidade. [...] Para ser um líder de mudanças, é preciso disposição e capacidade para mudar aquilo que já está sendo feito, assim como fazer coisas novas e diferentes. São necessárias políticas para fazer o presente criar o futuro.

Sabemos que um princípio fundamental para liderar é, antes de tudo, liderar a si mesmo. Nesse sentido, Francisco é uma grande fonte de inspiração. Essa dimensão da autoliderança a partir da experiência do *pobre de Assis*, à luz da psicologia analítica de Jung, foi aprofundada em meu livro *Autoliderança – uma jornada espiritual*.

A perfeita alegria

O que nos inspira agora é um episódio da sua vida, conhecido como a "perfeita alegria", que nos foi relatado pelos primeiros biógrafos (*Fontes Franciscanas*. Fioretti, cap. 8), que reproduzo a seguir e que nos servirá de metáfora para refletir sobre a liderança e alegria nas organizações.

> Vindo uma vez São Francisco de Perusa para Santa Maria dos Anjos com Frei Leão em tempo de inverno, e como o grandíssimo frio fortemente o atormentasse, chamou Frei Leão, o qual ia mais à frente, e disse assim: "Irmão Leão, ainda que o frade menor desse na terra inteira grande exemplo de santidade e de boa edificação, escreve, todavia, e nota diligentemente que nisso não está a perfeita alegria". E andando um pouco mais,

chama pela segunda vez: "Ó, Irmão Leão, ainda que o frade menor desse vista aos cegos, curasse os paralíticos, expulsasse os demônios, fizesse surdos ouvirem e andarem coxos, falarem mudos, e mais ainda, ressuscitasse mortos de quatro dias, escreve que nisso não está a perfeita alegria". E andando um pouco, São Francisco gritou com força: "Ó, Irmão Leão, se o frade menor soubesse todas as línguas e todas as ciências e todas as escrituras e se soubesse profetizar e revelar não só as coisas futuras, mas até mesmo os segredos das consciências e dos espíritos, escreve que não está nisso a perfeita alegria". Andando um pouco mais além, São Francisco chama ainda com força: "Ó, Irmão Leão, ovelhinha de Deus, ainda que o frade menor falasse com língua de anjo e soubesse o curso das estrelas e as virtudes das ervas; e lhe fossem revelados todos os tesouros da terra e conhecesse as virtudes dos pássaros e dos peixes e de todos os animais e dos homens e das árvores e das pedras e das raízes e das águas, escreve que não está nisso a perfeita alegria". E, caminhando um pouco, São Francisco chamou em alta voz: "Ó, Irmão Leão, ainda que o frade menor soubesse pregar tão bem que convertesse todos os infiéis à fé cristã, escreve, não está nisso a perfeita alegria". E durante este modo de falar pelo espaço de duas milhas, Frei Leão, com grande admiração, perguntou-lhe e disse: "Pai, peço-te da parte de Deus que me digas onde está a perfeita alegria". E São Francisco assim lhe respondeu: "Quando chegarmos a Santa Maria dos Anjos, inteiramente molhados pela chuva e transidos de frio, cheios de lama e aflitos de fome, e batermos à ponta do convento, e o porteiro chegar irritado e disser: 'Quem são vocês?'; e nós dissermos: 'Somos dois de vossos irmãos', e ele disser: 'Não dizem a verdade; são dois vagabundos que andam enganando o mundo e roubando as esmolas dos pobres; fora daqui'; e não nos abrir e deixar-nos estar ao tempo, à neve e à chuva com frio e fome até a noite: então, se suportarmos tal injúria e tal crueldade, tantos maus-tratos, prazenteiramente, sem nos perturbarmos e sem murmurarmos contra ele e pensarmos humildemente e caritativamente que o porteiro verdadeiramente nos tinha reconhecido e que Deus o fez falar contra nós; ó, Irmão Leão, escreve que nisso está a perfeita alegria. E se perseverarmos a bater, e ele sair furioso e como a importunos malandros nos expulsar com vilanias e bofetadas, dizendo: 'Fora daqui, ladrõezinhos vis, vão para o hospital, porque aqui ninguém lhes dará comida nem cama'; se suportarmos isso pacientemente e com alegria e de bom coração, ó, Irmão Leão, escreve que nisso está a perfeita alegria. E se ainda, constrangidos pela fome e pelo frio e pela noite, batermos mais e chamarmos e pedirmos pelo amor de Deus com muitas lágrimas, que nos abra a porta e nos deixe entrar, e se ele mais escandalizado disser: 'Vagabundos importunos, pagar-lhes-ei como merecem'; e sair com um bastão nodoso e nos agarrar pelo capuz e nos atirar ao chão e nos arrastar pela neve e nos bater com o pau de nó em nó; se nós suportarmos todas estas coisas pacientemente e com alegria, pensando nos sofrimentos de Cristo bendito, as quais devemos suportar por seu amor; ó, Irmão Leão, escreve que aí e nisso está a perfeita alegria, e ouve, pois, a conclusão, Irmão Leão. Acima de todas as graças e de todos os dons do Espírito Santo, os quais Cristo concede aos amigos, está o de vencer-se a si mesmo, e voluntariamente pelo amor suportar trabalhos, injúrias, opróbrios e desprezos, porque de todos os outros dons de Deus não nos podemos gloriar por não serem nossos, mas de Deus, do que diz o Apóstolo: 'Que tens tu que não hajas recebido de Deus? E se dele o recebeste, por que te gloriares como se o tivesses de ti?' Mas na cruz da tribulação de cada aflição nós nos podemos gloriar, porque isso é nosso.

O que podemos aprender desta parábola contada por Francisco há mais de 800 anos? Um primeiro aspecto que logo se observa é que ele não se contentava com o modo de viver de seu tempo e rompeu de modo definitivo com o paradigma vigente. Parece-me que este também é um imperativo para nossa época. Seu conceito de alegria contraria todos os conceitos medievais e com absoluta certeza também o que nossos tempos entendem por alegria. Ontem como hoje, a alegria está baseada em sucessos efêmeros. Para Francisco, a perfeita alegria acontece quando se é capaz de desapegar-se de todas as coisas, nada possuir, nada desejar e assim experimentar a presença de Deus na vida.

Outro aspecto nos faz questionar sobre qual era a força motivadora de Francisco que o fazia suportar as dores, humilhações, desprezos e se manter íntegro, sereno e equilibrado a ponto de descrever nesta parábola – reflexo de sua vida –, o que é a perfeita alegria. Em sua concepção de vida e fé, sua principal força estava na entrega total e incondicional de sua vida nas mãos do Deus Amor. Sabia por experiência que a entrega confiante e radical de seu destino, seus projetos, sua missão, enfim, de si mesmo, nas mãos daquele que é Amor Onipotente e que tudo provê para o bem dos seus filhos – pois *"não se vendem acaso cinco pardais por dois tostões? No entanto, nenhum deles é esquecido diante de Deus. Muito mais, até os vossos cabelos estão todos contados. Não tenhais medo, vós valeis mais do que todos os pardais"* (Lc 12,6-7) –, só poderia lhe proporcionar a serenidade e a alegria de viver a vida plenamente.

Sabemos que uma condição fundamental para se alcançar os objetivos é estar motivado e, para as lideranças, motivar as pessoas tem sido um dos grandes desafios e responsabilidades. O que dizem os estudiosos da motivação humana? Essencialmente, compreende-se que os fatores motivacionais são intrínsecos e agem como uma força que move a pessoa em direção a seus objetivos. Cada um precisa descobrir essa força em si mesmo e compete às organizações e suas lideranças criarem um ambiente favorável para que as pessoas se realizem.

Para Maslow, cuja teoria da hierarquia das necessidades humanas se tornou mundialmente aceita,

> esse negócio de autorrealização através de um compromisso com um trabalho importante e com um trabalho que valha a

> pena também pode ser chamado de caminho para a felicidade humana (em contraste com a investida direta ou busca direta de felicidade – a felicidade é um epifenômeno, um subproduto, algo que não deve ser visto diretamente, mas uma recompensa indireta da virtude).

Para ele quanto mais a pessoa estiver saudável emocionalmente e motivada para a realização de uma determinada tarefa, mais ela conseguirá superar as dificuldades que surgirem. Observamos, em parte, este pressuposto em Francisco, sobretudo quando enfrentou com determinação todas as dificuldades que lhe apareceram para atingir seu objetivo que lhe realizou plenamente.

Para Viktor Frankl, a principal força motivadora do ser humano está no sentido da vida. Segundo seus estudos que deram origem à logoterapia, o sentido da vida se apresenta em dois níveis: o sentido supremo, que se relaciona com a missão de vida, e o sentido do momento, que é o significado que a pessoa dá a uma determinada circunstância. Para ele, *"a principal preocupação da pessoa humana não consiste em obter prazer ou evitar a dor, mas antes em ver um sentido em sua vida"*. É o que postula:

> A felicidade não pode ser buscada; precisa ser decorrência de algo. Deve-se ter uma razão para "ser feliz". Uma vez que a razão é encontrada, no entanto, a pessoa fica feliz automaticamente. Em nossa maneira de ver, o ser humano não é alguém em busca da felicidade, mas sim alguém em busca de uma razão para ser feliz, através – e isto é importante – da realização concreta do significado potencial inerente e latente numa situação dada.

Frankl gostava de citar uma frase de Nietzsche: "Quem tem por que viver pode suportar quase qualquer como". Pois foi exatamente isso que ocorreu na trajetória de Francisco; aos poucos e de modo inexorável ele encontrou o pleno sentido de sua vida e, por este sentido, suportou sofrimentos, enfrentou batalhas e encontrou a perfeita alegria.

Baggio diz que a alegria não é algo que chega ao indivíduo por meio de mecanismos ou de posses ou de satisfações periféricas, mas algo que habita o âmago do homem e que deve ser trazida à tona, mediante uma concepção de vida com a qual são encarados os acontecimentos terrenos e históricos.

E é deste modo que, passo a passo, Francisco desconstrói tudo o que geralmente se acredita que pode proporcionar alegria e, pedagogicamente, nos interpela sobre o sentido de nossa vida, sobre o que efetivamente nos motiva e pode nos proporcionar a perfeita alegria. Todos os exemplos citados por Francisco não são maus em si mesmos, porém, quando alguém se apega a eles e somente a eles se busca como um bem, eles passam a constituir um mal e, portanto, fonte de sofrimento. Ele não nega, enfatizamos, que tais aspectos sejam bons e importantes para o ser humano; por isso mesmo os cita como possibilidades de geração de alegria; no entanto, afirma a partir de sua espiritualidade o que entende como sendo a perfeita alegria. Assim ele nos conduz em sua reflexão:

- A perfeita alegria não está na fama, na popularidade que tanto se busca. Vivemos na sociedade do culto à imagem, à beleza, ao momento; e nas organizações não raro se trabalha somente para atrair os olhares e aplausos dos outros – principalmente dos superiores –; mas mesmo que os aplausos sejam meritórios, Deus não se encontra aí, por isso ele diz "ainda que se desse grande exemplo de santidade, nisso não está a perfeita alegria".
- O poder sempre exerceu um grande fascínio e atração. Pessoas esquecem sua essência e se transformam em personagens que lutam pelo poder, pelo *status*, e para consegui-lo muitas vezes corrompem, violam princípios éticos, oprimem; outros fazem bom uso do poder que lhes é delegado ou que conquistam e contribuem para o bem de todos, isto é, exercem com a autoridade de ser para os outros; no entanto, nem mesmo no "poder de curar os doentes e ressuscitar os mortos, está a perfeita alegria".

- Vivemos na Era do Conhecimento e é indiscutível que aprender e conhecer mais e mais se tornou imprescindível para todos. Os trabalhadores desta época são chamados de trabalhadores do conhecimento. Não saber, não conhecer, significa exclusão do mercado de trabalho. As empresas investem no desenvolvimento do capital intelectual porque sabem que este capital se tornou vantagem competitiva. Porém, para Francisco, o conhecimento só não basta. A perfeita sabedoria não vem dos livros, mas da experiência e da meditação. Para ele, aprender também é encontrar-se com as experiências do outro, porque todos são mestres e aprendizes ao mesmo tempo. Nessa linha de pensamento, o franciscano São Boaventura afirmou: "saber muitas coisas sem saboreá-las, o que adianta?"; e outro franciscano chamado Egídio disse igualmente: "o ser humano possui sabedoria na medida do bem que ele pratica e nada além disso". E em nossos tempos, Peter Drucker afirmou que "nosso desafio é tornar novamente o conhecimento um meio para o desenvolvimento humano, é ir além do conhecimento como ferramenta e recuperar a educação como o caminho para a sabedoria". Por isso, São Francisco não hesita em afirmar: "mesmo se soubesse todas as línguas e conhecesse todas as ciências" – certamente por entender que se o conhecimento não se transformar em sabedoria, de nada serve, e por saber que o acúmulo de conhecimentos pode gerar arrogância e prepotência, e que o conhecimento deve ser para servir e não para dominar –, "nisso não está a perfeita alegria".
- Embora soubesse que suas palavras atraíam multidões, ele jamais se tornou presunçoso e nem disso se prevaleceu. E assim concluiu: "ainda que pregasse tão bem e convertesse todos para a fé cristã, nisso não está a perfeita alegria". Isto é, também não será encontrada no prazer proporcionado pelo sucesso, que é tão buscado por tantos e, em geral, paga-se um alto preço para conquistá-lo: a infelicidade. É o que apresenta Betânia Tanure em sua pesquisa, na

qual entrevistou mais de mil executivos de grandes organizações e concluiu que 84% são pessoas infelizes; são homens e mulheres que dedicaram toda a sua vida para alcançar o sucesso e elevado nível socioeconômico, mas hoje lhes falta a perfeita alegria. O alto nível de competição vivido no mercado de trabalho e a falta de confiança mútua presente nas empresas não são capazes de compensar o prazer que sentem em seus trabalhos. E ela afirma no prefácio de seu livro:

> Acredito plenamente que pessoas de bem com a vida e que encontraram sua vocação interior e são felizes com o que fazem são aquelas que entregam os melhores resultados. É por isso que busco trabalhar com pessoas que estão de bem com a vida. Não por acaso, são as mesmas pessoas que, com atitudes, exemplificam algo dito pelo indiano Mahatma Gandhi e que não canso de repetir: "Não existe caminho para a felicidade; a felicidade é o próprio caminho". Gandhi vem de um povo, o oriental, que prega a busca pela simplicidade e pelo equilíbrio. Deveríamos ter isso em mente em nosso dia a dia.

- Em outra versão do relato (*Fontes Franciscanas*. Opúsculos ditados, p. 174), ainda é acrescentado: "*mesmo que todos os mestres de Paris, os prelados de Além-Alpes, arcebispos e bispos, o próprio Rei da França e o da Inglaterra entrarem na Ordem, nisso não está a perfeita alegria*". Ora, o ingresso de tão importantes pessoas significaria algo de muito prestígio; no entanto, para Francisco, nem o reconhecimento por parte das autoridades e pessoas mais influentes poderia proporcionar a perfeita alegria, pois podem gerar a inflação do ego, a soberba e a vaidade capazes de desvirtuar a alegria.

Quantas vezes o empenho humano tem sido unicamente em obter sucesso e satisfazer indefinidamente seus desejos, e não em fazer esforço para servir, amar, perdoar... Quando se prioriza o sucesso, a popularidade, o poder, o ter (e parecer ter) e o prazer, colocando-os acima daquilo que pode gerar a perfeita alegria e dar pleno sentido à vida, o ser humano se frustra. É o risco que se corre ao absolutizar aquilo que é relativo.

Em uma sociedade que privilegia a fama, o *status*, a aparência, a vaidade, a glória – ainda que momentânea –, os bens materiais, o orgulho do poder, muitas vezes vazio e inconsistente, o pobre de Assis vem dizer que tais eventos são incapazes de proporcionar a perfeita alegria. Paradoxalmente, ela se encontra exatamente naquilo que todos recusam. Sua alegria não se esvanece nem mesmo com o sofrimento e com a humilhação.

Assim Francisco expõe o que para ele é a perfeita alegria:
- Se a pessoa é capaz de não perder o equilíbrio e a serenidade em situações em que sofre injúrias e maus-tratos, então está a caminho da perfeita alegria. Desse modo, ele nos ensina a buscar o equilíbrio emocional, dando ele mesmo, mais uma vez, o exemplo. Quantos de nós saem do eixo por causa de uma crítica, de uma provação ou por situação mais difícil na vida? Quantas vezes perdemos o humor porque as coisas não aconteceram como gostaríamos? Ou porque nossos projetos não se concretizaram ou nossas ideias foram rejeitadas?
- Desenvolver a paciência e a alegria mesmo nas adversidades, porque sabia ele que *"todas as coisas concorrem para o bem dos que amam a Deus"* (Rm 8,28), e assim tudo tem uma dimensão positiva porque é para o crescimento humano; esta é a base para a perfeita alegria: *"E se suportarmos isso pacientemente e com alegria e de bom coração, ó, Irmão Leão, escreve que nisso está a perfeita alegria"*. É compreensível que numa sociedade que rejeita qualquer tipo de sofrimento é difícil para nós entendermos como Francisco compatibilizou a alegria com a dor. Porém, é justamente nos momentos mais difíceis, enfrentados com equilíbrio e serenidade, que o indivíduo mais cresce como ser humano.

- Por fim, ele concluiu: "*Acima de todas as graças e de todos os dons do Espírito Santo, os quais Cristo concede aos amigos, está o de vencer-se a si mesmo, e voluntariamente pelo amor suportar trabalhos, injúrias, opróbrios e desprezos*", e nos deixou a grande lição de que só alcança a perfeita alegria aquele que consegue vencer as próprias limitações e fragilidades e a compreende como um dom do espírito, pois se refere a uma paz interior inabalável fruto da total liberdade que se alcança quando não se deixa escravizar por quaisquer coisas, sejam exteriores como poder e riqueza, sejam interiores como a ambição, a vaidade, etc.

Ao analisar esse relato, Manselli comenta que

> aquela reviravolta de valores, em suma, que indicamos como escolha de vida, opção existencial no momento de sua conversão, continuava a agir: justamente a alegria que urge em seu coração e que vive em seu canto prova que lhe parecia já doce o que antes lhe era amargo. Esta alegria tem, porém, também um valor social, porque indica a quem é mísero e abandonado o sentido exato e, ao mesmo tempo, o significado profundo da sua situação: felicidade e infelicidade não se podem reduzir a um puro e simples denominador comum econômico. Não são fatos exteriores que dependem da realidade fora de nós, mas nascem de nossa interioridade, do profundo de nossa consciência.

Ao escolher o essencial na vida, renunciando a todo supérfluo, aprendendo com as adversidades e dores porque sabe que o ser humano é superior a elas, Francisco desenvolveu o que foi chamado por Daniel Goleman de "inteligência emocional" e por Peter Senge de "maestria pessoal".

Para Goleman, os grandes líderes atuam basicamente pela emoção e sabem canalizar as emoções de sua equipe. Uma característica essencial da inteligência emocional é a autoconsciência e a capacidade de gerir as próprias emoções, isto é, quando se tem consciência de si, a pessoa sabe direcionar suas emoções positivas para seus objetivos e sabe controlar as emoções negativas para que não o desvie de seu propósito. Quando o líder as direciona positivamente para a alegria, é capaz de alcançar alto desempenho obtendo o melhor de cada um; porém, se não souber fazê-lo e estimular emoções negativas, pode provocar grandes danos às pessoas e à organização.

Com isso, pode-se afirmar que depende do líder criar um ambiente favorável ou não para o alto desempenho através da emoção de seus colaboradores. O equilíbrio emocional do líder afeta diretamente o estado de espírito de seus liderados e, consequentemente, seu desempenho.

Senge, parecendo ter se baseado em Francisco de Assis, explica:

> A maestria pessoal nos ensina a não baixar nossa visão, mesmo que aparentemente a visão seja impossível. [...] Também ensina a não se esquivar de ver o mundo como ele é, mesmo que isso nos deixe desconfortáveis [...] e nos ensina a escolher como um ato de coragem: escolher os resultados e ações que incorporaremos em nosso destino. [...] Praticar a maestria pessoal é como manter uma conversação dentro de nós mesmos. Uma voz dentro de nós sonha com o que queremos para o futuro. Uma outra lança um olhar (geralmente funesto) sobre o mundo à nossa volta. Uma terceira voz, muitas vezes bem escondida, está querendo dizer "escolhi o que eu quero e aceitei que o criarei". Trabalhar com maestria pessoal significa entrar no campo dos assuntos do coração. Desenvolver uma visão pessoal significa explorar um poço profundo de esperança e aspiração, *incluindo o desejo de servir a algo maior do que a si próprio, e o de ter uma vida alegre* (grifo meu).

A competência emocional

Desenvolver a autoconsciência é o primeiro passo que cada um deve dar para a transformação. Foi essa a questão inquietante de Francisco: *"Senhor, que queres que eu faça?"*, e a partir de então, à medida que tinha clareza de sua missão, os caminhos foram se abrindo, os *insights* foram acontecendo e de um primitivo grupo nasceram várias congregações de milhares de pessoas.

Se para tomar decisões procurava ouvir seus companheiros, buscava também no silêncio e na oração a inspiração necessária para que tomasse o caminho que fosse melhor para todos. Abrir-se à força da intuição e da espiritualidade, buscando nelas a sabedoria para decidir, é sinal de grande inteligência e que, lamentavelmente, tem sido desprezada pelo racionalismo predominante que privilegia a análise, como se fora esta o único recurso disponível.

Ao longo do tempo, ele foi aprimorando a empatia e, porque compreendia os sentimentos de cada um, dava provas de genuíno interesse pelas pessoas, tratava-as com justiça e afeto – porque reconhecia que todos são essencialmente bons, imagem e semelhança do Deus Invisível – e, assim, as cativava porque despertava nelas o sentimento de confiança. Nós todos sabemos que, quando tratamos os outros de forma justa, inspiramos confiança e isso é condição essencial para estabelecer relacionamentos e criar comunidades.

O amor e a alegria são sempre contagiantes. O afeto sempre amplia os relacionamentos, porque afeta e se deixa afetar pelo outro. No amor fraterno, as pessoas se amam porque se reconhecem como iguais, porque reconhecem o valor do ser humano e não pela suposta utilidade que o outro tem para nós, ou pelo que pode produzir e consumir ou oferecer em troca. Mais que um sentimento, o amor fraterno trata-se de um cuidar, de respeitar e aceitar cada um em sua singularidade, de preocupar-se e de agir em favor de seu crescimento e sua felicidade.

Francisco, como todo ser humano, enfrentou dificuldades no relacionamento com seus companheiros e com outras pessoas que o criticavam, inclusive na própria família, mas ele não ignorou ou se colocou passivo diante das situações de conflito; ao contrário, como homem construtor da paz, era capaz de suportar até as situações mais difíceis, porque conhecia o ser humano em suas fraquezas e virtudes e era movido pela compaixão e pela contínua busca da paz. Os estudos da inteligência emocional revelam que a paciência e a aceitação do sofrimento não são comportamentos passivos, mas uma imensa força interior capaz de promover transformações no homem e na sociedade. Foi isso que ele conseguiu. Assim também foi com Gandhi, que, com a atitude da não violência ativa, conquistou a independência da Índia.

O que Francisco nos recomenda então para as situações de conflito? Primeiramente, seu objetivo central era a paz: desejar a paz, viver em paz, anunciar e promover a paz era seu lema e estado de espírito. Anunciava insistentemente "se alguém não quer amar o próximo como a si mesmo, pelo menos não lhe faça mal, mas lhe faça o bem". Ensinava que ninguém devia julgar os outros, antes que cada um julgasse a si mesmo, como ele mesmo fazia. Exortava repetidamente que a alegria deveria reinar entre eles, tanto interior quanto exteriormente. Quando acontecia de um ofender a outro, aprenderam que imediatamente deveriam pedir perdão pela ofensa cometida. Aliás, em diversas ocasiões foi chamado para promover a reconciliação entre autoridades, cidadãos e entre os próprios confrades. Em muitos aspectos era firme, sabendo repreender sem ferir e apontando a direção a seguir. Não consta que usava sua franqueza para ameaçar, para humilhar ou excluir; antes, acolhia, escutava, orientava e lembrava a cada um de seu valor e sua missão, sobretudo, pelo próprio exemplo. Jamais usava de seu poder e privilégio de fundador de uma Ordem para julgar e punir; nas situações mais críticas com outras lideranças, ele as submetia ao Capítulo, que era a instância suprema de todos os frades, que então analisavam e julgavam coletivamente tais questões.

Ao compreender a natureza humana, o líder entenderá então as motivações e necessidades das pessoas e buscará atendê-las. Conforme os estudos de Maslow, é a organização, isto é, o líder que deve assumir a responsabilidade de construir uma ponte entre as necessidades básicas do ser humano e sua autorrealização; o bom líder na maioria das situações – diz ele – deve ter como pré-requisito psicológico a capacidade de sentir prazer no crescimento e na autorrealização de outras pessoas. Francisco compreendia bem isso, na medida em que procurava conhecer bem cada um de seus confrades e ajudava-os segundo suas necessidades e aspirações. Para uns uma palavra, para outros um gesto, um sorriso e um pouco mais de atenção e até um bilhete – muitas vezes pequenas atitudes fazem grande diferença –, como um que escreveu ao amigo Frei Leão abençoando-lhe e que o encheu de alegria pela atenção dispensada e reconhecimento recebido:

> Assim te falo, meu filho, como mãe, e todas as palavras que temos trocado pelas estradas eu brevemente as resumo nesta só palavra e neste conselho. E se depois disto ainda te ocorrer procurar-me, vem, porque assim te aconselho. De qualquer modo que te pareça mais agradável a Deus seguir-lhe o exemplo e a pobreza, fá-lo com a bênção do Senhor e com a minha obediência. E se te for necessário para o bem de tua alma e para tua consolação e quiseres, Leão, vir a mim, vem.

É certo que nenhuma pessoa estará saciada ainda que todas as suas necessidades estejam satisfeitas, porque há no coração humano um anseio eterno por paz, por uma vida mais plena, que podemos afirmar ser uma sede pelo transcendente, como escreveu Santo Agostinho: *"Inquieto está meu coração até que repouse em ti"*.

Nesta perspectiva, também podemos entender que não será a desenfreada busca por dinheiro, poder e prestígio que vai suprir as necessidades e, sim, a busca do afeto, de relações de confiança, dedicação e cuidado mútuos. É isso que pode tornar a vida saudável e prazerosa para todos, porque, em última instância, o que todos desejamos é uma convivência harmônica, relacionamentos fraternos, maduros e afetivos que proporcionam alegria e sentido à vida.

A távola redonda franciscana

E como era a relação de Francisco com seus seguidores? Como chegou a constituir um grupo coeso, isto é, uma comunidade? Quais foram seus fundamentos? Que pedagogia favoreceu a constituição de uma cultura franciscana sólida que permanece até os nossos dias? É possível fazer uma analogia com a cultura organizacional?

Analisaremos como Francisco agiu com seus companheiros, demonstrando com o exemplo o que Goleman afirma em sua tese de que a inteligência emocional expressa pelo autocontrole, empatia, compaixão é a base do caráter e que, especialmente na liderança, é chave para conquistar a credibilidade e, assim, inspirar os liderados.

Observamos que o fundamento da liderança franciscana é a vida fraterna, o que significa a consciência de que todos – homens e mulheres – são irmãos e irmãs e, nesse sentido, devem ser respeitados em sua dignidade e integridade. É com esta premissa que ele erige uma comunidade na qual ele, como líder fundador, coloca-se como servidor de todos.

Ninguém sabe tudo e esta é a premissa para que permaneçamos como aprendizes durante toda a vida. Estar atento em ouvir cada um pessoalmente, levando em consideração seus conhecimentos e experiências, significa respeitar e acolher as contribuições que trazem para a vida de todos na comunidade. Consciente disso, era muito comum Francisco ouvir seus companheiros para tomar decisões, pedir conselhos e buscar a opinião dos demais quando sentia necessidade.

Francisco com os seus onze primeiros companheiros criou uma sólida comunidade, que se tornou exemplo para os milhares de seguidores que vieram posteriormente. A base da vida comunitária era a confiança e a corresponsabilidade de todos no cuidado com cada um, com os afazeres e com o objetivo maior que tinham assumido. Este primeiro grupo, ele chamava carinhosamente de cavaleiros da Távola Redonda.

De onde lhe surgiu essa ideia? Por que a referência à Távola Redonda do Rei Arthur? Ora, Francisco conhecia muito bem os trovadores que circulavam pela região de Assis contando suas lendas, entretendo e ensinando o povo com suas histórias, cheias de aventuras dos heróis e suas virtudes, lutas, quedas e ideais. E uma delas, que certamente lhe encantava, era a lenda do Rei Arthur e seus cavaleiros.

Esta história, provavelmente de origem celta, já havia sido contada em vários outros idiomas e regiões, atravessou épocas e chega ainda aos nossos dias com o mesmo encantamento que provocou na Idade Média. Nela há uma certa mística que mobiliza Arthur e seus cavaleiros a buscarem incessantemente um mundo melhor.

A lenda fala sobre o ideal do rei de unificar a Bretanha, e, para que isso fosse concretizado, precisaria obter apoio e adesão de gente disposta a lutar por ele. A távola tinha sido um presente de casamento recebido por Arthur do seu pai. Em torno dela ele passou a reunir os melhores cavaleiros da época, com quem, em pé de igualdade (na távola redonda não há cabeceira nem lugar de destaque) dialogava e, juntos, sonhavam e se comprometiam com os ideais da cavalaria de defender os mais fracos e lutar por um reino de justiça.

Com essa inspiração, Francisco e seus "nobres cavaleiros" também sonharam e lutaram por um novo mundo. Sabia, então, que ninguém consegue nada sozinho e que precisaria de cada um que tinha sido inspirado a segui-lo. Ao redor de sua távola, ele reunia homens ricos como Bernardo de Quintavalle, doutores em Leis como Pedro Cattani, sacerdotes como Silvestre e camponeses como Ângelo; cada um vindo de classe social diferente, cultura diferente, personalidade e temperamento diferentes; todos, no entanto, eram absolutamente iguais. Cada um era reconhecido, valorizado e amado em seus valores e qualidades. Quando pessoas tão diferentes são capazes de sentarem-se ao redor de uma mesa para ouvir, dialogar e juntos buscarem novos caminhos, é sinal de que algo novo está acontecendo em termos de liderança e relacionamento. Sinal de que a compreensão e a tolerância superaram o dogmatismo das ideias e a intransigência das opiniões, de que a abertura a outros pontos de vista se tornou enriquecedora para todos e que é possível acolher, respeitar e conviver com o diferente, ainda que não se concorde com tudo.

Sticco comenta a respeito da távola franciscana:

> Era admirável a concórdia reinante entre eles; amavam-se com amor profundo, um servia ao outro, um provia às necessidades do outro e, como as mães pelo dileto filho único, cada qual estava pronto a dar a vida pelo outro; os que deviam mandar procuravam ser os mais humildes de todos, os que deviam obedecer não criticavam nunca o superior, porque, vendo neles somente a autoridade de Deus, achavam boas e fáceis todas as ordens. Preservavam-se de palavras ofensivas e, se uma ou outra vez alguém dizia ou pensava o que quer que pudesse desagradar a outro, logo lhe pedia perdão. Estavam sempre alegres, porque não tinham consigo nem entre eles o que quer que os inquietasse e porque, pelo ensinamento de São Francisco, que lhes abria os olhos para todas as coisas belas, sentiam-se príncipes do grande universo criado pelo pai dos céus.

Comunidade: equipe de alto desempenho

As características da comunidade certamente podem ser aplicadas ao que hoje falamos sobre as equipes de alto desempenho. Nelas, as pessoas se reúnem porque compartilham de um mesmo propósito, há uma razão explícita para estar juntos e que transcende a operação cotidiana de cumprir tarefas; há uma certa "mística" de respeito e cuidado para com os demais companheiros, porque todos sabem que nenhum poderia existir e realizar seu trabalho sem o outro. A consciência de interdependência mútua se faz presente de modo tão admirável que se torna fonte de alegria. O objetivo maior e comum a todos deve fazer superar as possíveis antipatias e adversidades, porque há algo muito superior a unir do que a desagregar. Eis por que para Francisco o viver comunitariamente só faz sentido se for para viver alegremente. Não se pode pensar em alegria como algo apenas do indivíduo. É na relação com os demais que ela deve emergir como resultado da harmonia, do necessário perdão, da possibilidade de ser "eu mesmo" frente aos demais. Cada ser humano precisa sentir-se inteiro, pleno, amado, respeitado, valorizado, reconhecido em seus talentos e é na comunidade que ele pode florescer e viver plenamente. Fora das relações comunitárias – e hoje se percebe cada vez mais isso – há um triste processo de despersonalização, de solidão, de vazio, porque falta o encontro com o outro para o diálogo e partilha da vida.

É na comunidade que o ser humano pode ser ele mesmo, sem medo e sem ter que fingir e usar máscaras, podendo assim admitir as próprias fraquezas, por mais difícil que isso seja. Não se negam as dificuldades, tampouco as diferenças, muitas vezes antagônicas, mas a aceitação do outro como é, o respeito ao outro, à sua idiossincrasia, que pode, com seu pensamento tão diverso, nos enriquecer. Ao contrário de fragilizar as relações, em uma autêntica comunidade a admissão de erros e vulnerabilidades pode fortalecer a todos, porque, na verdade, todos se veem na fraqueza de cada um e se fortalecem como seres humanos. Ter essa consciência implica um grande e contínuo esforço de autoconhecimento e de humildade para jamais criticar e julgar os outros sem antes olhar para si mesmo. Nesse sentido, quando cada um de nós é capaz de, humildemente, admitir as próprias fraquezas e defeitos, saberemos também acolher o outro como ele é. Como sabemos que ninguém é perfeito e nem mesmo uma comunidade, esta premissa se torna um desafio para que possamos juntos buscar o caminho para crescimento e superação individual e coletiva. A vida em comunidade (ah! quando entendermos que podemos transformar as equipes, empresas, associações etc. em comunidades...!!!) deve necessariamente contribuir para o pleno desenvolvimento de seus membros, sobretudo quando se tem a consciência de que a comunidade não existe para si mesma, mas para se colocar a serviço de outros.

Só assim, quando existe uma franca abertura para escutar e aprender com o outro e o sentir-se também responsável pelo outro, é possível crescer como gente. Cada um vai descobrindo os próprios talentos com a ajuda dos demais e se colocando a serviço de todos. Quando se descobre a riqueza de cada um e o imenso tesouro que somos todos juntos, não há mais motivos para invejas, competições e outras mesquinharias.

Não obstante as diferenças existentes, eles percebiam que havia muito mais em termos de valores e ideais a uni-los. O que certamente justificava o bom humor e a alegria que reinava entre todos. São muitas as histórias relatando as experiências dos frades, algumas delas bastante engraçadas, como a que conta quando certo frade de nome Junípero ficou responsável pela cozinha e tinha que cozinhar para os frades por um período de quinze dias. Por julgar um desperdício passar tanto tempo cozinhando quando poderia estar em oração, o bom frade resolveu arrumar grandes panelas e colocar todos os ingredientes misturados com o fim de preparar refeições para todos os companheiros suficientes para os quinze dias. Era tanta comida e tanta movimentação do frade que os confrades pensaram que ele estava preparando uma festa de bodas. Na verdade, como não sabia preparar os alimentos, perderam-se todos os ingredientes e o frade foi repreendido pelo seu esbanjamento; no entanto, não perderam o senso de humor e a consideração pela simplicidade e caridade que motivou a atitude de Frei Junípero. Observamos aqui que, entre eles, não havia a "cultura do medo" que impede a autonomia e a criatividade e inibe a ação de tantos empregados.

Outras histórias relatam suas aventuras e como celebravam a vida e os resultados de suas peregrinações pelo mundo. Eram experiências de sucesso e de fracasso, de vida e de morte e, em todas elas, os frades se alegravam e buscavam extrair aprendizados.

Eis aí uma boa lição para a nossa vida e para as lideranças e equipes: é preciso aprender com todas as experiências e celebrar diariamente; mesmo as pequenas conquistas são dignas de festejar. As celebrações se tornam fonte de motivação e entusiasmo para prosseguir em novas conquistas.

Comunhão e participação

Outra iniciativa revolucionária de Francisco foi a criação de uma assembleia – chamada Capítulo, que acontecia duas vezes ao ano. Com sabedoria ele intuiu que, com a chegada de novos companheiros, era essencial criar uma estrutura que favorecesse o relacionamento e a partilha. Nessas assembleias, todos participavam democraticamente e juntos buscavam a solução dos problemas, traçavam seus planos e combinavam suas regras de conduta a seguir. Era também a grande oportunidade de todos se encontrarem fraternalmente, compartilharem suas histórias e receberem do grande líder sua atenção e bênção e aprenderem com sua sabedoria.

Um desses Capítulos realizado na festa de Pentecostes do ano de 1219 se tornou memorável na história franciscana e passou a ser chamado de "Capítulo das Esteiras", porque teria reunido cerca de cinco mil frades vindos de muitos e diferentes lugares que, não tendo alojamentos, dormiam sobre esteiras, palhas e improvisadas cabanas e, reunidos em pequenos grupos, compartilhavam alegremente suas histórias. Para todos Francisco tinha uma palavra de estímulo, conforto e afeto. Diante das inquietações, suas palavras de líder eram ouvidas como sopros de esperança e alegria para os desafios da missão. Conta-se, deste acontecimento, que não havia – era impossível – alimentação para todos e que, de repente, apareceram nobres e cavaleiros da região com alimentos suficientes para aqueles homens e se puseram a servi-los, tão grande era a admiração que tinham por aquele grupo e seu líder. Oxalá hoje as organizações gozassem de tão grande reputação e admiração pela sociedade; certamente o mundo estaria bem melhor!

O líder educador e servidor

Por suas atitudes, seus escritos e orientações, pode-se constatar que um de seus grandes objetivos era estar sempre a serviço de todos e fiel à sua missão, procurando manter a comunidade de seus seguidores unida, fraterna e entusiasmada pela mesma causa. Era incansável na demonstração do afeto, na solidariedade e na orientação de todos, lembrando-lhes de seus valores e da missão de cada um. Deixou muitos conselhos escritos, pelos quais se pode supor como se dirigia a cada um, além do testemunho de seus contemporâneos. Em nenhum momento suas palavras eram duras, agressivas ou grosseiras, mesmo quando tinha que corrigir alguém. Quando algum dos frades errava, era capaz de acolhê-lo e serena e amavelmente orientá-lo; assim recuperava aquele ser humano e o mantinha motivado na missão, mesmo porque tinha também plena consciência de suas próprias fraquezas e limitações e que não tinha direito de julgar os outros sem antes julgar-se a si mesmo.

Mazzuco, a este respeito, diz:

> Este honrado modo humano de não julgar, injuriar, murmurar é, para Francisco, algo tão importante que ele o destaca em suas Admoestações: "Bem-aventurado o servo que tanto ama e respeita seu confrade quando está longe como se estivesse perto, nem diz na sua ausência coisa alguma que não possa dizer na sua presença". Trata-se de criar um código de comportamento fraterno: "E cada qual ame e alimente a seu irmão, como a mãe ama e nutre o seu filho".

Quando os enviava em missão pelo mundo – para muitos, a missão significava enfrentar perigos, zombarias, sofrimentos e morte –, sabia reconhecer os talentos e singularidades de cada um e demonstrava sua plena confiança na capacidade que tinham para cumprir seu mandato. Percebe-se em seu estilo como buscava aproveitar o melhor de cada um; como motivava e desafiava seus confrades ao enviá-los em pequenos grupos para terras mais distantes e como se rejubilava com as notícias dos seus trabalhos. Certa vez, disse que o bom frade seria aquele que reunisse em si as qualidades de seus primeiros seguidores, e foi destacando a virtude e os méritos de cada um deles: a fé, a simplicidade, o amor, a gentileza, o bom-senso, a eloquência, a paciência etc., demonstrando assim o apreço que sentia por eles e como tão bem os conhecia.

Ao promover a fraternidade em sua comunidade e dar-lhe um direcionamento e uma razão de ser, Francisco intuitivamente agia com um líder competente que mantinha a equipe em elevado estado de espírito, e quando promovia os encontros de partilha não só acompanhava os resultados, mas também orientava e corrigia, conseguindo, pela forma transparente de agir, a alegria pelo aprendizado.

Conta-se que certa vez ele propôs ao grupo que elegesse um líder para guiá-los; não queria ser reconhecido como o líder nem ter privilégios. Assim, os companheiros elegeram Frei Bernardo e a ele Francisco se submeteu, confiando totalmente em sua capacidade de condução de todos rumo ao objetivo por eles definido. Neste episódio, ele nos mostra o valor de formar outros líderes e sucessores na condução dos trabalhos, preparando, apoiando e encorajando para os desafios da liderança.

Respeitava profundamente o modo de ser de cada um e, embora tenha definido regras de comportamento para a comunidade, esta não o impediu de estimular a criatividade e a autonomia em suas decisões; por isso, recomendava que cada um fizesse conforme Deus lhe inspirasse, ou conforme seu agrado ou ainda como parecesse melhor para si mesmo e para Deus.

Sua presença era uma luz na vida de todos, inspirando-os pelo seu exemplo a trabalharem com afinco no serviço aos homens e mulheres por onde andavam. Essa atitude de serviço dava significado à vida de cada um e gerava intensa alegria, que era sempre observada por todos.

Sabia que, como líder de tão numerosos seguidores, tinha uma responsabilidade de mestre; era preciso educá-los para que se tornassem seres humanos íntegros, maduros e conscientes de sua missão. Sua pedagogia seguiu a via da amorosidade, da persuasão, da proposição e jamais o poder autoritário para determinar o que e como proceder. Ensinou mais pelo exemplo que pelos discursos e escritos. Seu pensamento permanente era "é preciso que eu seja como quero que eles sejam e até melhor".

Zavalloni observa que

> entre teoria e práxis, entre ação e contemplação, entre conhecimento e amor, a preferência cabe sempre à práxis, à ação, ao amor. A análise conduzida através das "fontes, tanto literárias quanto históricas, permite colocar em relevo como seu pensamento e sua ação educativa encontram adequada correspondência com os dados da pedagogia moderna. [...] Eis como Tomás de Celano, seu primeiro biógrafo e fiel discípulo, recorda o "magistério de vida" de Francisco: "Com o exemplo, pai, discursavas mais suavemente, persuadias com mais facilidade e provavas com certeza maior: 'Se falarem as línguas dos homens e dos anjos, mas não derem exemplos de caridade, para mim valem pouco, e para si mesmos não valem nada'". E assim São Francisco, "bem sabendo que a virtude é mais importante que as palavras", afirmava que, "segundo o exemplo do Senhor, é necessário antes fazer e depois ensinar, ou melhor, fazer e ensinar ao mesmo tempo".

Desse modo, Francisco antecipou-se em muitos séculos em termos do que hoje se fala de pedagogia e educação em valores humanos. Para ele, uma virtude essencial era a humildade. Sem a humildade, como se colocar a serviço? Como acolher e compreender o outro? Como delegar poderes, incentivar e apreciar os esforços realizados, já que para tanto precisa reconhecer que não possui todas as competências e fazer sobressair os talentos e potencialidades de seus seguidores?

Em uma estrutura que tinha se esquecido de suas origens, Francisco fez lembrar que a humildade é imprescindível na liderança e hoje, ainda hoje, em quaisquer tipos de organização, sejam eclesiásticas, governamentais ou empresariais, precisamos abandonar o velho paradigma do poder – que muitas vezes se manifesta abusivamente – e renovar as estruturas por meio do serviço para o bem comum.

Jaworski, comentando o conceito de liderança servidora, diz que apenas e tão somente quando a escolha de servir é a base da formação moral dos líderes é que o poder hierárquico que separa o líder dos liderados não se corrompe. Assim ele afirma:

> A liderança trata do aprendizado e de como moldar o futuro. A liderança existe quando as pessoas não são mais vítimas das circunstâncias, mas participantes na criação de novas circunstâncias. A liderança lida com a criação de novas realidades. [...] É o desejo de servir uns aos outros e de servir além de nós mesmos, um propósito mais elevado. Em nossa forma tradicional de pensar, liderança servidora parece mais uma paradoxismo. Porém, num mundo de relacionamentos, onde a propriedade de estabelecer inter-relacionamentos é o princípio organizador do universo, faz sentido perfeitamente.

Francisco esteve à frente de seu tempo; seu exemplo e mensagens continuam atualíssimos e provocam continuamente a reflexão sobre a conduta de cada um de nós na vida e também como lideramos. Sua conduta despertou tal credibilidade que atraiu milhares de pessoas entusiasmadas pela mesma causa. Em poucos anos, construiu uma grande estrutura que se esparramou por toda a Terra com um único propósito, um mesmo estilo de vida, uma sólida "cultura" baseada em valores compartilhados e recriou de tal modo a instituição a que pertencia que, até hoje, seu nome ecoa como profeta a denunciar os erros e a anunciar o reto caminho a ser seguido.

Um dos grandes desafios que se coloca para os líderes atualmente é a capacidade de constituir e manter uma cultura organizacional que favoreça a realização das pessoas e o atingimento dos resultados esperados pela organização. Certamente as lições franciscanas podem ser aplicadas; no entanto, é bom enfatizar, isso vai requerer transformações no coração das lideranças – o que só é possível pelo caminho do autoconhecimento para se encontrar com sua essência sagrada e transcendente –, e no coração das estruturas, se investirmos na construção de uma cultura baseada em valores humanos.

4

CULTURA DE VALORES, CLIMA DE ALEGRIA

> *Não procurem o sucesso. Quanto mais o procurarem e o transformarem num alvo, mais vocês vão errar. Porque o sucesso, como a felicidade, não pode ser perseguido; ele deve acontecer, e só tem lugar como efeito colateral de uma dedicação pessoal a uma causa maior que a pessoa, ou como subproduto da rendição pessoal a outro ser.*
> *A felicidade deve acontecer naturalmente, e o mesmo ocorre com o sucesso; vocês precisam deixá-lo acontecer naturalmente.*
>
> Viktor Frankl

Tendo refletido sobre o pensamento franciscano e concluído que uma importante exigência que se faz hoje para as lideranças é a criação e o gerenciamento de uma sólida cultura de valores, parece-me conveniente começar pelo que se entende por cultura organizacional e o que a caracteriza.

Cultura organizacional

Os estudos deste tema são relativamente recentes na história da administração. Eles derivam basicamente da antropologia e há várias escolas dedicando-se à pesquisa e procurando demonstrar a importância desta dimensão como um dos fatores críticos do sucesso organizacional. Não é nosso objetivo aqui dissertar sobre essas diferentes linhas teóricas.

Das diversas abordagens surgem diferentes conceitos, metodologias de pesquisa e intervenção nas organizações; porém, vamos sempre encontrar nelas vários elementos comuns, tais como símbolos, mitos, ritos, valores e crenças. Uma abordagem importante destacada por Fleury é chamada de interacionismo simbólico. Nesta, entende-se que toda ação repetida torna-se um padrão que pode ser reproduzido, de modo que toda atividade está sujeita ao hábito e assim se consolida. Dessa forma, os símbolos são criados nas organizações e os procedimentos surgem para legitimá-los.

Para Schein, um dos mais importantes estudiosos do assunto, também da corrente simbólica, cultura organizacional é o conjunto de pressupostos básicos que um grupo inventou, descobriu ou desenvolveu ao aprender a lidar com os problemas de adaptação externa e de integração interna e que funcionou bem o suficiente para ser considerado válido e ensinado a novos membros como a forma correta de perceber, pensar e sentir, em relação a esses problemas. Para ele, a cultura pode ser apreendida em vários níveis:

1) Nível dos artefatos visíveis, que se refere aos padrões de comportamento visíveis, arquitetura, ambiente, modos de vestir etc. Tais artefatos são acessíveis e observáveis facilmente, porém, nem sempre fáceis de interpretação.
2) Nível dos valores manifestos, os quais se relacionam aos valores expressos que definem o comportamento das pessoas, retratando o que, seja de forma racionalizada ou idealizada, as pessoas afirmam serem seus valores; porém, as razões subjacentes para seu comportamento permanecem escondidas ou inconscientes.
3) Por fim, o nível dos pressupostos inconscientes, que, de fato, são os que determinam como as pessoas percebem, pensam, sentem e agem. Estes, que efetivamente são vividos e compartilhados, tornam-se de fato o guia de conduta das pessoas, já assumidos de tal forma que se tornam inconscientes.

Este último nível ressalta, então, a importância da dimensão inconsciente em nossos relacionamentos e, por conseguinte, a necessidade de nos conhecermos mais profundamente para melhor liderarmos. A analogia que se faz é que a cultura é a personalidade, diria, a alma da organização. Assim como o indivíduo tem suas características de personalidade que determinam sua identidade, a cultura identifica uma organização e a distingue das demais.

Revela também a velha metáfora do *iceberg*, que apresenta em sua ponta aparente os elementos observáveis da cultura: tecnologia, procedimentos, políticas, estrutura, comportamentos, etc. que, embora sejam tão fáceis de perceber, proporcionam uma compreensão muito pequena da cultura organizacional. Como no *iceberg*, é preciso observar o que está nas profundezas para melhor compreender os fundamentos da cultura: as crenças e os valores que guiam, efetivamente, os pensamentos e o comportamento das pessoas e contribuem para alcançar os resultados esperados pela organização.

De acordo com Fleury, os aspectos mais relevantes para se identificar a cultura de uma organização são a sua história e, sobretudo, o papel e influência de seus fundadores, que são os responsáveis pela concepção e estruturação do empreendimento. Importa também compreender os momentos críticos pelos quais a organização passou, porque certamente nestes momentos os valores mais importantes emergiram com maior nitidez e permaneceram na vida das pessoas e da empresa. Acrescentem-se ainda as políticas de recursos humanos, não só as explicitadas, mas principalmente as implícitas e todo o processo de integração de novos empregados, por meio do qual são transmitidos os valores e comportamentos predominantes na empresa. Igual importância deve ser dada ao processo de comunicação formal e informal para melhor se compreender a cultura e seus símbolos. Outro aspecto muito importante para identificar as categorias presentes na cultura organizacional é analisar os processos de trabalho, tanto seu componente tecnológico quanto o das interações sociais.

Ao prestarmos mais atenção nas histórias, nos símbolos e na linguagem utilizados pela organização, perceberemos com maior clareza os valores culturais que deles emergem. Assim, compreendendo a linguagem simbólica presente em todas as culturas, ficarão evidenciados os diversos ritos que revelam as características da cultura, tais como os ritos de passagem, que são aqueles vividos na admissão e desligamento; ritos de integração que possibilitam a socialização e outros ritos que contribuem para mobilizar, sensibilizar e motivar o comprometimento dos empregados com a empresa.

Assim como a cultura cria uma identidade externa para a organização, também gera uma identidade para seus membros e desenvolve neles o comprometimento com os objetivos e resultados, além de contribuir decisivamente para atrair e reter talentos. Daí a importância de seu gerenciamento diuturnamente, sob pena de se perder vantagem competitiva no mercado que tanto exige identidade como diferencial.

Organização franciscana

Todos esses elementos – hoje tão estudados pelos pesquisadores de antropologia, administração e psicologia social – podem ser verificados nas ordens religiosas fundadas por Francisco de Assis. Não obstante a necessária atualização da linguagem e das regras por ele definidas há cerca de oitocentos anos, sua essência permanece em todas as organizações que fundou: a primeira Ordem dos Frades Menores (masculina), das Irmãs de Santa Clara e a Ordem Franciscana Secular, inicialmente conhecida como Ordem Terceira, dedicada aos leigos, que reúnem milhões de seguidores em quase todos os países do mundo.

Para cada Ordem foi estabelecida uma missão específica e regras claras às quais todos deveriam aderir. Hoje sabemos que definir a missão e ter regras explícitas são elementos fundamentais para o êxito de qualquer organização. Francisco fez isso sabiamente, procurando se cercar de todos os fundamentos necessários e vitais para sua causa. A Terceira Regra que foi aprovada pelo papa em 1223 foi amplamente estudada, refletida e aprovada por todos os frades no Capítulo Geral. Ele teve a sensibilidade de escutar e compartilhar com todos os seus seguidores. Assim também quando propôs as regras para as irmãs de Santa Clara. Em todas, o que predomina é que todos devem viver segundo os valores essenciais e com o mesmo objetivo: levar a paz e a fraternidade

Desafios para a gestão

Transcorridas tantas mudanças nos últimos séculos na história da humanidade e, especificamente, nas últimas décadas, na história das empresas e sua gestão, aprendendo-se com os erros, com as dores e com a necessidade de inovar e buscar melhores estratégias para atingir seus objetivos, é incontestável que chegamos a um momento que exige, e de maneira irreversível, a adoção de um modelo de gestão que leve em conta os valores humanos essenciais.

O que prevaleceu até agora foi em boa parte os (contra) valores que priorizaram o pragmatismo, o lucro a qualquer preço e em curto prazo, o utilitarismo, o progresso que beneficiou a minoria e ainda provoca sofrimentos, como já foi sinalizado anteriormente.

Não se pode mais pensar a questão dos valores humanos somente como mais uma alternativa, modismo ou corrente da administração; trata-se de um severo imperativo que, se não for assumido pelas lideranças e dirigentes empresariais, pode colocar em risco a sobrevivência da empresa.

Enquanto não entendermos que as organizações são constituídas por pessoas com seus valores, aspirações e sentimentos, competências e talentos, e também suas limitações e problemas, não saberemos gerenciar para obter o desempenho ideal. Todo e qualquer negócio é realizado por pessoas e isto deve ser entendido como condição e fator determinantes para qualquer ação.

Líderes precisam entender de gente, precisam compreender a psicologia humana e mais do que conhecimento racional, precisam gostar de trabalhar com gente para, de fato, liderarem. Para um grande grupo de profissionais que se tornam gestores, a formação tem sido eminentemente técnica, seguindo o paradigma conhecido como cartesiano e, nesta formação, pouca importância tem sido dada aos aspectos relacionados à emoção e ao espírito, fundamentais para o conhecimento humano.

Empresas: organismos vivos...

Arie de Geus foi quem desenvolveu o conceito de empresa viva. Ele foi vice-presidente da Royal Dutch Shell, onde trabalhou por mais de 35 anos, e atualmente é professor da London Business School e um dos diretores do Centro de Aprendizado Organizacional da Sloan School of Management, escola de administração do Massachusetts Institute of Technology (MIT), Estados Unidos. Em 1983, com um grupo de colaboradores, desenvolveu uma pesquisa junto a trinta empresas que tinham entre 100 e 700 anos de vida. Pretendiam identificar por que muitas empresas morrem jovens e algumas têm tamanha longevidade. Constatou que a grande maioria morre prematuramente porque suas políticas e práticas enfatizam a produção de bens e serviços e se esquecem que são comunidades de pessoas. Ao passo que as longevas têm uma personalidade que lhe possibilita a evolução, têm consciência de seu papel no mundo, valorizam as pessoas, criam comunidades que aprendem e são capazes de se adaptar às mudanças externas. Além disso, os pesquisadores perceberam que tais organizações são mais conservadoras na gestão das finanças, estimulam a inovação e têm clara consciência de sua identidade.

Como resultado de suas experiências e pesquisa, ele afirma:

> É preciso deixar as pessoas crescerem dentro de uma comunidade que se mantém coesa devido a valores claramente definidos. É preciso, portanto, colocar o compromisso com as pessoas antes dos ativos, o respeito pela inovação antes da devoção às políticas, a desordem da aprendizagem antes dos

procedimentos ordenados e a perpetuação da comunidade antes de todas as outras preocupações. Para elas, os ativos – e os lucros – são como oxigênio: necessário para a vida, mas não a finalidade da vida. [...] A organização precisa estimular essas pessoas a interagir com as outras. Os executivos precisam decidir como posicionar o elemento humano em sua empresa. Podem optar por produzir riqueza para um pequeno círculo de dirigentes e investidores, ou desenvolver uma organização que seja uma comunidade. Na empresa viva, os membros entendem o que significa "nós" e têm consciência dos valores comuns. Quem não conseguir conviver com os valores da empresa não pode e não deve fazer parte dela. A sensação de fazer parte do todo une até seus mais diferentes integrantes. Quando não unem suas forças ou partilham os valores da comunidade, não podem permanecer na empresa.

Assim como um indivíduo se torna pessoa – isto é, se personaliza, cria identidade – nos relacionamentos que estabelece com outras pessoas ao longo de sua existência a empresa, como organismo vivo, também se faz em seus relacionamentos. Ela é constituída essencialmente de pessoas vivas interdependentes e que precisam se relacionar, interagir e dialogar para que, juntas, se enriqueçam mutuamente. Como organismo vivo e que precisa e quer permanecer vivo, há de se adaptar ao ambiente, há de desenvolver competências como a resiliência, a criatividade e vitalidade essenciais para vencer as adversidades que surgem ao longo do tempo.

Ninguém evolui sozinho, o crescimento de um necessariamente deve promover o crescimento de outros. Assim, pode-se afirmar que quando uma pessoa cresce em um relacionamento, o outro também cresce, e quando uma parte sofre e enfraquece, a outra também fica diminuída. Dessa maneira, é nesta infinita teia do universo onde estamos inseridos: quando um ser vivo evolui, todo o universo evolui com ele; da mesma forma, quando um ser vivo morre, o universo morre com ele. A organização será mais viva na medida em que contribuir para que as interações humanas proporcionem a evolução de todos. Essa premissa será tão mais factível se houver um esforço consciente para que as organizações se tornem comunidades.

Vimos como para o projeto de Francisco de Assis foi importante o fortalecimento dos vínculos de fraternidade, amizade, cooperação, responsabilidade de todos pela mesma causa. Sem estes elementos dificilmente uma equipe ou organização sobrevive. Quanto mais se investir na consolidação dos valores humanos e no fortalecimento dos vínculos que alicerçam a comunidade, maior será o nível de confiança mútua, de motivação e comprometimento, porque as pessoas se sentirão vivas em um ambiente que continuamente se revitaliza.

Se concebemos a empresa como um organismo vivo cuja "alma" é sua cultura, precisaremos então aceitar que o que vivifica este organismo são as pessoas – agentes da cultura – que nela trabalham, e isso implica repensar a maneira de estruturar e gerenciar seus relacionamentos. Talvez este seja um dos maiores desafios: agir de tal maneira que humanize o ambiente possibilitando a plena realização dos relacionamentos e das potencialidades humanas. A empresa, como um organismo vivo, precisa, assim como os indivíduos, respirar alegria. Os organismos depressivos tendem a morrer prematuramente; o estado de espírito alegre revitaliza-se continuamente e é capaz de alastrar essa alegria ao seu redor.

...sustentáveis e saudáveis

Considerando as responsabilidades das empresas, que transcendem os muros estritos do negócio econômico-financeiro e avançam sobre o terreno político, do meio ambiente e da sociedade como um todo, há de se promover transformações ao redor, isto é, na comunidade onde está inserida, na sociedade, no planeta. Somente assim poderemos falar de organizações sustentáveis: quando as dimensões econômica, social e ambiental (tripé da sustentabilidade ou *triple bottom line*) estiverem presentes na cultura influenciando na gestão e na estratégia organizacional.

A inserção da dimensão tripolar na cultura torna-se um imperativo face às grandes questões que afligem a humanidade, já expostas no primeiro capítulo. Quando relacionamos esta dimensão com os *Objetivos de desenvolvimento do milênio* da Organização das Nações Unidas, o *Pacto global* (anexo), a *Carta da Terra*, e outros importantes documentos, constatamos que estão todos impregnados do pensamento franciscano que há oito séculos já conclamava para o cuidado com a vida de todos os seres vivos, principalmente os mais frágeis. Hoje, com a força destes documentos transnacionais, elaborados por respeitadíssimos cientistas, lideranças empresariais e governamentais, concluímos de modo irrefutável que é urgente e vital que todos os líderes busquem condições efetivas para que sejam viabilizados em sua esfera de atuação.

O que fazer então para humanizar a empresa? A resposta de Robert Rosen é elucidativa:

> Todas as empresas saudáveis possuem e transpiram um certo tipo de vitalidade e espírito. Tal espírito não é nem um fervor religioso nem um entusiasmo inconsequente como o das torcidas, mas um sentimento profundo de partilha de valores humanistas no âmago da empresa. Esses valores são a cola que liga empregados saudáveis e bem-sucedidos a locais de trabalho saudáveis e produtivos. Eles influenciam a maneira como as pessoas agem e pensam em todos os níveis da empresa e formam a base das práticas e políticas corporativas. Eles definem os papéis e as responsabilidades e ditam as formas pelas quais as decisões são tomadas. Seus princípios se expressam e são aplicados em todos os escalões da empresa, desde recepcionistas e estivadores até o conselho da diretoria, passando por gerentes e executivos.

Valores humanos na gestão

Por suas palavras, concluímos que são os valores que definem a cultura organizacional, constituindo o núcleo de onde devem derivar todas as políticas e um modelo de gestão que assegure seu cumprimento e possibilite a realização da missão e da visão empresarial.

Assim, a organização será saudável se seus membros tiverem plena consciência de seu propósito, dos valores que a sustentam e agem em conformidade com eles. Observemos a organização franciscana que sobreviveu a conflitos históricos, perseguições, crises internas e mudanças no mundo e permanece renovando-se continuamente com o vigor dos valores de seu fundador.

Ao afirmar que os valores definem a cultura, queremos enfatizar com isso que eles devem ser a bússola a orientar o comportamento de todos na organização, e não apenas uma declaração de fachada. A instituição, ao estabelecer seus valores, espera que todos se deixem iluminar e conduzir por eles, como um código de compromissos a pautar as atitudes e as decisões pessoais, assim como as institucionais. Para isso é fundamental que os valores sejam não só disseminados por toda a organização, mas trabalhados de tal maneira que sejam internalizados nos corações e mentes para promover a transformação necessária.

Estudos indicam que organizações com alto desempenho desenvolveram uma cultura na qual valores éticos estão fortemente enraizados, guiam o comportamento e influenciam a conduta de todos e em todos os processos, isto é, não só nas relações internas como também com os demais *stakeholders*. Tais organizações, segundo Rosen, apresentam, em geral, valores como compromisso com o autoconhecimento e desenvolvimento humano, forte convicção da importância dos princípios éticos, espírito de companheirismo, respeito pelas diferenças, paixão por produtos, processos e resultados, além de priorizarem a saúde e o bem-estar dos empregados.

Teixeira cunhou a expressão dignidade organizacional associando-a à cultura, e a esclarece afirmando que ela depende da congruência entre os valores esposados e compartilhados e as práticas relativas a todos os *stakeholders* e dos valores dos gestores e de sua visão de mundo.

Dolan observa que o que realmente importa é gerenciar e manter, de maneira eficaz, a cultura organizacional de forma a alinhá-la com seus valores essenciais e com as exigências do ambiente. Nesse sentido, é atribuição indelegável do líder estimular a organização a se desenvolver em concordância com sua direção estratégica e seus valores, o que só pode ser feito por meio de uma cultura de valores que orienta as atividades em todos os níveis.

Tamayo, outro renomado pesquisador na área de cultura e valores organizacionais, preconiza que os gerentes devem fazer tudo o que puderem para maximizar a congruência entre as metas individuais (valores) e as oportunidades oferecidas pela organização e que o *"paralelismo entre valores pessoais e valores organizacionais implica dizer que as duas categorias de valores referem-se a metas comuns, perseguidas tanto pelo trabalhador quanto pela organização e cuja obtenção constitui a base da felicidade da pessoa como do sucesso da empresa"*.

E Barrett insiste que desenvolver uma cultura voltada para os valores exige uma mudança na consciência organizacional de um ponto de vista que se focaliza no interesse próprio para um ponto de vista que se focaliza no bem comum, e que essa mudança envolve transformação pessoal e organizacional.

Creio que esses referenciais teóricos são suficientes para sustentar nosso argumento anterior, quando propusemos o exemplo e ensinamentos de Francisco de Assis para a transformação pessoal, em seu convite para que cada um reveja a própria vida, valores e conduta e busque tornar-se um ser humano pleno e, a partir deste contínuo processo de desenvolvimento, criar e manter – como líder – uma organização orientada por valores para cumprir sua missão e contribuir para que o desenvolvimento de todos, empresa, empregados e meio ambiente seja, de fato, sustentável.

Lembro, então, o conceito comumente aceito de desenvolvimento sustentável como aquele capaz de suprir as necessidades atuais da população sem comprometer as necessidades das futuras gerações. A partir deste conceito, a World Business Council for Sustainable Development (WBCSD) definiu a sobrevivência sustentável como negócios com inclusão econômica e social na base da pirâmide, de modo a beneficiar simultaneamente a comunidade pobre e a empresa envolvida. Trata-se, segundo o autor, *"de um conjunto de propostas para lidar de forma articulada e integrada com as questões de sobrevivência dos negócios, das sociedades humanas e, por extensão, do próprio planeta"*. Para Almeida, membro do Conselho Diretor do Instituto de Estudos Avançados da Universidade das Nações Unidas,

> uma empresa sustentável é a que vai além das exigências da legislação, sem deixar de dar o devido retorno ao capital financeiro (aportado pelos investidores), ao capital natural e social (aportado pelas comunidades, pelos clientes e pela sociedade em geral) e ao capital técnico (aportado pelos empregados e fornecedores). Ao fazer mais do que exige a legislação, a empresa passa a ser vista pela opinião pública como dotada de atributos morais; ganha a reputação de "boa empresa" e isso lhe assegura a boa vontade da opinião pública.

O desafio é crescente e complexo. Há mais de dez anos, em sua obra *Feitas para durar*, os autores James Collins e Jerry Porras relataram a diligente análise que fizeram das empresas fundadas nas primeiras décadas do século XX e que tiveram as ações mais valorizadas na Bolsa de Valores desde 1926. Concluíram que a longevidade das empresas de sucesso se deve ao fato de terem valores alinhados norteando o comportamento de todos, terem um propósito comum e o investimento que fizeram no desenvolvimento de suas lideranças em todos os níveis.

Em termos práticos, o que vai fazer a diferença é como os valores – agora revestidos do caráter do desenvolvimento sustentável – inspiram e dão suporte ao modelo de gestão da organização e como ela desenvolve e realiza seu planejamento estratégico para atender sua missão e visão, desdobrando-o em tudo o que a empresa faz: planos táticos e operacionais, melhoria dos processos, tecnologias, sistemas de gestão, políticas e procedimentos, *layouts*, relação com fornecedores, comunidade, meio ambiente, clientes e governo.

No entanto, é forçoso ressaltar que não basta fazer declarações de missão, visão e valores se estas não forem transformadas em diretrizes e práticas, o que lamentavelmente acontece com tanta frequência. Somente a partir do momento em que todas as lideranças estiverem alinhadas e comprometidas e agirem de forma coerente com os valores, e os processos estiverem estruturados em sintonia com a estratégia organizacional, é que a cultura será sentida de forma mais concreta.

Clima organizacional

Todo o investimento para consolidar uma cultura baseada em valores humanos e em um estilo de liderança inspirador como o de Francisco de Assis certamente terá como resultado um clima que favoreça a motivação e o comprometimento de todos, o alcance dos objetivos e a boa reputação e credibilidade da empresa junto à sociedade.

Assim como a felicidade é efeito colateral para quem tem razões de ser feliz, como diz Frankl, o clima organizacional é reflexo da cultura que de algum modo influencia o comportamento, a motivação, a produtividade e demais aspectos do relacionamento entre empregado e empresa.

Então, o clima pode e deve ser diagnosticado; para isso, importa que seus indicadores sejam descritos, mapeados e analisados, pois eles revelam como os empregados percebem, reagem, sentem e pensam a respeito da cultura da empresa em que trabalham. Como seu resultado revela sempre a percepção dos empregados, pode-se inferir a partir dos dados obtidos o quanto a empresa, por meio de seus líderes, está comprometida com os valores que apregoa ter.

As pesquisas revelam que as melhores empresas para se trabalhar investem em transparência, participação, credibilidade e confiança entre seus empregados e a liderança, e a adoção de políticas de recursos humanos que fortaleçam esses valores geram como contrapartida empregados comprometidos, leais e produtivos.

Criar um clima de confiança mútua é fundamental nos relacionamentos, e dentro das organizações isso pode se tornar a chave para reter os empregados. As pessoas necessitam de saber que seus líderes confiam nelas. Precisam sentir-se seguras para sugerir novas ideias e até mesmo para errar. A inovação acontece quando as pessoas têm direito a errar e a aprender com os erros.

Observamos como o relacionamento fraterno foi vital para que a missão nascida no coração de Francisco se perpetuasse através dos séculos. Apesar de todos os erros cometidos ao longo do tempo, pelos desvios de rota e conflitos que sempre surgem ao longo do caminho, a essência dos valores anunciados por Francisco permanece e ainda hoje ilumina o caminhar de seus seguidores.

Iluminados por sua história, podemos também afirmar que precisamos olhar para dentro de nós para ver que todos somos responsáveis pela construção de organizações onde as pessoas possam se realizar e encontrar a perfeita alegria.

A estória a seguir ilustra bem a importância do clima para o êxito das organizações, e como nós podemos agir de modo a contribuir para produzir os resultados esperados.

Conta-se que houve numa época da história um mosteiro que estava passando por momentos muito difíceis, mas que já vivera no passado um longo período de prosperidade. Devido, inicialmente, às perseguições que sofreu e posteriormente às grandes mudanças que o mundo vem passando, todos os demais mosteiros que eram vinculados à "casa-mãe" foram fechados, restando apenas este que contava com somente cinco monges, o abade e outros quatro, todos anciãos. Para todos eles estava claro que se aproximava o fim daquela ordem religiosa que tanto bem havia feito para inúmeras pessoas ao longo de sua história.

Além disso, algo mais os entristecia profundamente: era o fato de saber que estavam envelhecidos e que, dominados pela rotina dos tempos, sequer vislumbravam a possibilidade de renovação e perpetuação dos valores humanos e espirituais há tantos séculos cultivados e transmitidos pela ordem religiosa.

Preocupados com a situação, resolveram consultar um rabino que de vez em quando aparecia para fazer seu retiro espiritual em um bosque nas proximidades do mosteiro. O rabino era conhecido por sua sabedoria, desenvolvida com os estudos, meditação, silêncio e oração. Para ele sempre acorriam as pessoas na busca de conselhos. Sabendo disso, os monges também o procuraram para um diálogo que pudesse lhes proporcionar uma solução para o problema que os angustiava.

Certa manhã, o velho abade dirigiu-se ao eremitério onde costumava ficar o rabino para ouvir dele se haveria alguma possibilidade de salvar o mosteiro. Após compartilharem suas histórias, suas inquietações e angústias, o rabino e o abade choraram juntos, leram a Torah, meditaram sobre as coisas mais importantes da vida e oraram. Nada de conselhos que pudessem ajudar a ordem religiosa...

Ao se despedir, porém, o abade insistiu mais uma vez, quase suplicando por, quem sabe, um sinal que o ajudasse a encontrar um caminho... O velho sábio, voltando-se para ele, disse que sabia que o Messias, há tanto esperado por ele, seria um dos monges.

Um tanto quanto frustrado com a visita e ao mesmo tempo perplexo com a resposta dada pelo rabino e sem entender propriamente seu sentido, o abade voltou para o mosteiro e contou para os demais tudo o que havia ocorrido.

Passaram-se dias, semanas, meses. Os monges intrigados puseram-se a refletir sobre o possível significado da resposta do rabino.

– O Messias, um de nós?! Será que ele quis dizer mesmo um de nós, aqui desse mosteiro? Se é o caso, quem seria? Será o próprio abade ou será o Irmão Tomás? Ou, quem sabe, o Irmão Filipe? Não, o Irmão Pedro não pode ser, ele às vezes se irrita... se bem que, quando paramos para analisar, chegamos à conclusão de que ele está certo. É claro que o rabino não se referiu a mim, eu sou tão comum... mas e se ele estiver certo... oh! Meu Deus, não pode ser!

Assim, cada um deles pensava sobre si mesmo e sobre os demais e, na medida em que pensavam, os velhos monges começaram a se tratar com tanto respeito, com tanta reverência, com tanto afeto que algo começou a mudar entre eles.

Aos poucos cada monge descobriu-se a si mesmo como um possível Messias, com valores, capacidades e atitudes até então não percebidos por si mesmo e pelos demais. Ao mesmo tempo, passaram a olhar de outra forma os outros companheiros, procurando identificar neles suas melhores características e potenciais que poderiam ser do Messias presente neles. E assim começaram a se valorizar mutuamente, cuidando uns dos outros com dedicação e também de todo o espaço por onde cada um transitava.

Essa redescoberta proporcionou a todos uma renovada alegria e disposição, transformando aquele ambiente e impregnando toda a atmosfera do lugar de tal modo que logo foi percebido pelas pessoas que ocasionalmente visitavam o convento e seus arredores para passeios turísticos.

E sem que entendessem o motivo, começaram a perceber que cada vez mais as pessoas passaram a visitar o velho mosteiro e paravam para contemplar sua arquitetura, para passear em seus claustros, para conversar com os monges, para brincar nos seus átrios, fazer piqueniques e para orar...

Os visitantes, encantados com o lugar e com a alegria que nele reinava, começaram a levar os amigos para conhecerem aquele local especial e os amigos levavam outros amigos e alguns jovens paravam mais tempo para conversar com os monges, escutando suas histórias e aprendendo com sua sabedoria. Depois de algum tempo, um dos visitantes pediu para juntar-se aos monges. E então, outro. E mais outro. E em pouco tempo o mosteiro voltou a ser uma ordem saudável, bem-sucedida e fonte de alegria e sabedoria para todos os que ali passavam.

Sabemos que vivemos tempos em que atrair e reter os talentos se tornou crucial para as organizações. Os estudos demonstram que um dos principais aspectos avaliados pelos profissionais ao decidirem se ingressam ou permanecem em uma organização é o ambiente de trabalho, o que reforça a importância de se investir no quesito clima. Obviamente, essa é uma das responsabilidades das lideranças. Compete ao líder criar um ambiente que favoreça relacionamentos saudáveis, onde predomine o respeito mútuo, a solidariedade, a cooperação e o genuíno interesse pelo bem comum. Quando o líder contribui para que cada pessoa descubra e desenvolva o melhor de si e que saiba olhar para os demais companheiros e enxergar o ser humano por inteiro com suas potencialidades e competências, certamente ele criará uma atmosfera de alegria, e se consegue mobilizar a todos para a mesma causa, dando significado ao trabalho, fazendo-os sentirem-se participantes efetivos da organização, vai contar com pessoas altamente motivadas e comprometidas.

5

FELIZES EXEMPLOS

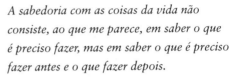

A sabedoria com as coisas da vida não consiste, ao que me parece, em saber o que é preciso fazer, mas em saber o que é preciso fazer antes e o que fazer depois.
Tolstoi

Nosso direito de consumir felicidade sem produzi-la não é maior do que o de consumir riquezas sem produzi-las.
Bernard Shaw

Tendo todos esses referenciais teóricos, creio ser significativo apresentar algumas experiências de empresas de diferentes portes e segmentos que estão valorizando a alegria no ambiente de trabalho. Percebemos, deste modo, que as empresas como organismos vivos aspiram pela alegria, e não poderia ser diferente. Ou trabalha-se com alegria ou simplesmente a vida será um grande desperdício de energia e frustração, uma vez que não dá para separar a vida do trabalho e, incontestavelmente, pessoas alegres em ambientes alegres produzem mais e melhor.

Ecad, "Empresa feliz"

O Ecad – Escritório Central de Arrecadação e Distribuição –, empresa que tem se expandido e está fazendo um grande investimento para criar um clima de alegria tendo por base seus valores, figura na lista das melhores empresas para se trabalhar no Estado do Rio de

Janeiro. O Ecad é uma sociedade civil, de natureza privada, instituída pela Lei Federal 5.988/73 e mantida pela atual Lei de Direitos Autorais – 9.610/98. Esta organização administrada por dez associações de música para realizar a arrecadação e a distribuição de direitos autorais decorrentes da execução pública de músicas nacionais e estrangeiras permite que o Brasil seja um dos mais avançados países em relação à distribuição de direitos autorais de execução pública musical.

A estrutura organizacional do Ecad inclui a Superintendência e oito gerências executivas: Administrativa/Financeira, Arrecadação, Distribuição, Jurídica, Marketing, Operações, Recursos Humanos e Tecnologia da Informação. A empresa está sediada no Rio de Janeiro e mantém escritórios em todos os estados da Federação, contando ao todo, em junho de 2009, com cerca de 660 empregados.

O controle de informações é realizado por um sistema de dados totalmente informatizado e centralizado, tendo cadastrados em seu sistema 282 mil titulares diferentes. Estão catalogadas 1.411 milhão de obras, além de 674 mil fonogramas, que contabilizam todas as versões registradas de cada música. Os números envolvidos fazem com que 40 a 50 mil boletos bancários sejam enviados por mês, cobrando os direitos autorais daqueles que utilizam as obras musicais publicamente, os chamados "usuários de música", que somam mais de 344 mil em seu cadastro.

Nos últimos anos o investimento em tecnologia, estruturação e melhoria dos processos, comunicação e desenvolvimento de suas lideranças e equipes tem proporcionado o crescimento e o reconhecimento por parte de todos os seus *stakeholders*.

Seus executivos contam com muitos anos de empresa e criaram fortes vínculos de amizade e confiança, o que lhes proporciona boas condições de diálogo e tomada de decisão de forma democrática. Conscientes da importância da conversação e busca do consenso, de maneira bastante participativa definiram a missão, a visão e os valores da organização, assim como o desenvolvimento de um modelo de gestão que possibilite a plena realização de suas aspirações.

A missão do Ecad está assim estabelecida:

> Atuar como agente transformador da sociedade promovendo, através da música, o desenvolvimento da cultura e o bem-estar social.

O texto apresenta de forma sintética e objetiva o papel da organização. É exatamente isso que preconiza Drucker quando afirma que

> a declaração de missão deve expressar a contribuição que a empresa planeja fazer para a sociedade, a economia, o cliente. Ela tem de expressar o fato de que a empresa é uma instituição da sociedade e serve para produzir benefícios sociais. As declarações de missão que expressam a finalidade da empresa em termos financeiros inevitavelmente deixam de criar a coesão, a dedicação, a visão das pessoas que precisam fazer o trabalho de forma a realizar a meta da empresa.

Trata-se da razão de ser da organização. Para que a empresa existe? Isso não quer dizer que a lucratividade da empresa não seja importante nem prioritária; ao contrário, significa que ao se importar com o bem comum a empresa atingiu um nível de consciência que lhe permite assumir que seus resultados serão consequência da maturidade de como vive seus valores, o que pode lhe proporcionar, inclusive, resultados superiores àqueles que colocam o lucro financeiro em primeiro lugar. Dessa forma, o trabalho adquire um outro significado e, para todos que assumem a mesma causa, deixa de ser meio de sobrevivência e passa a ter um sentido de realização.

Sabendo o quão importante é a definição da visão pelas transformações que ela pode provocar, seus executivos, imbuídos de uma profunda intencionalidade, visualizaram o futuro da organização. Ao compartilharem suas visões, eles criaram um alto nível de comunhão que certamente possibilitará sua realização, porque, na verdade, ela já se tornou concreta em suas mentes e corações e isto se transforma em uma grande força capaz de mobilizar a todos para o mesmo objetivo.

É exatamente o que comenta Willis Harman quando reflete sobre a importância de se identificar a causa mais nobre da organização. Ele diz que, quando se coloca essa questão em discussão, os líderes normalmente tratam dos objetivos, missões e estratégias até que surge a dimensão do serviço. E, quando chegam a esse ponto, é perceptível a mudança da energia no ambiente, potencializa-se a inspiração e as pessoas entram na área do serviço maior, isto é, ao serviço prestado à humanidade, ao mundo, e a todo o ambiente natural. Dessa forma, a busca interior e pessoal por um "objetivo" na vida se integra ao objetivo e à visão da corporação.

É significativo ainda citar Peter Senge quando comenta sobre a importância da visão compartilhada:

> No nível mais simples, uma visão compartilhada é a resposta à pergunta: "O que queremos criar?" Assim como as visões pessoais são retratos ou imagens que as pessoas têm na mente e no coração, as visões compartilhadas são imagens que pertencem a pessoas que fazem parte de uma organização. Essas pessoas desenvolvem um senso de comunidade que permeia a organização e dá coerência a diversas atividades. [...] Quando realmente compartilham uma visão, as pessoas sentem-se conectadas, ligadas por uma aspiração comum.

Assim, a aspiração comum dos executivos, isto é, a visão do Ecad, é

> ser uma empresa feliz, reconhecidamente de vanguarda, parceira dos criadores intelectuais, que valoriza e fomenta a produção cultural.

Conscientes de que não basta definir a visão, mas o que realmente importa é compartilhá-la com todos de forma que cada um a assuma como sua própria visão e que ela se desdobre em objetivos estratégicos e metas específicas para cada área, a empresa tem feito esforço sistemático para que o "sonho se torne realidade". Aspecto fundamental para o êxito é o desenvolvimento e alinhamento de todas as lideranças.

Todos os que exercem função de liderança na empresa participaram de processo de *coaching* e, com suas respectivas equipes, foram promovidos encontros de alinhamento e estabelecimento de metas visando alcançar a "Visão". Somente assim o estabelecimento de uma "Visão" se torna eficaz, na medida em que inspira toda a organização a promover mudanças e melhorias nos processos e comportamentos. Todos têm clara consciência do destino, sabem para onde devem ir e onde estão neste momento e qual o caminho que devem percorrer para alcançar o resultado esperado.

É extremamente importante ressaltar como os líderes se propuseram a criar uma "empresa feliz", sabendo de suas tamanhas responsabilidades nesse sentido, principalmente porque se começa pelo próprio exemplo. Adotar um modelo de gestão que leve em conta esta aspiração significa o exercício de gestão participativa, a delegação de poderes e gerenciamento do desempenho dos colaboradores com processo constante de *feedback* formal e informal.

Necessariamente, é preciso que todos tenham consciência e assumam o princípio da subsidiariedade. Este princípio significa que um nível mais alto não deve tomar decisões por um nível mais baixo se este for capaz de tomar a decisão sozinho, ou, de outra forma, como diz o *Ensinamento social cristão*, o que pode ser feito por uma sociedade ou ente menor não deve ser feito por uma sociedade ou ente maior. Nesse ensinamento está implícito o princípio inviolável da dignidade humana que deve ser respeitado e que, nesse caso, deve implicar estimular o pensamento, a iniciativa, a criatividade, a autoconfiança, a responsabilidade e a autoridade individual para buscar as soluções e desenvolver-se integralmente.

É pouco provável que alguém possa saber todas as coisas, conhecer todas as soluções, identificar todas as necessidades e tomar todas as decisões como se seu ponto de vista fosse absoluto, inquestionável e irrepreensível. Nesse sentido, a regra de ouro ensinada por Jesus Cristo e assumida plenamente por Francisco de Assis é totalmente aplicável em todas as relações: fazer aos outros o que gostaríamos que fizessem a nós. E pode-se começar pelo reconhecimento e valorização das competências e potencialidades dos colaboradores, desafiando-os e estimulando-os para a reflexão e a ação. Tal atitude não só desinstala e faz crescer como gera motivação e comprometimento com os resultados.

À medida que a organização investe em um modelo mais descentralizado e com maior autonomia para seus profissionais, naturalmente o comportamento tende a mudar, aumentando o nível de responsabilidade e compromisso com a empresa. Como na frase de Goethe: *"Trate um homem como ele é, e continuará sendo como é. Trate-o como ele pode e deve ser, e ele se tornará o que pode e deve ser"*.

Sabemos que as melhores empresas são aquelas que sabem fazer com que todos os seus colaboradores assumam sua causa e valorizam seus empregados, tratando-os com o respeito devido à sua dignidade humana.

Vimos como os valores devem ser o fundamento de todas as ações individuais e organizacionais. Tais princípios ou valores devem funcionar como uma bússola a apontar a direção correta, a ajudar no discernimento, nas tomadas de decisão, enfim, em todas as relações humanas. Os valores não só estão relacionados ao que cada um de nós afirma ser, mas, sobretudo ao que praticamos no dia a dia, notadamente no que nossas ações podem provocar na vida de todos com quem nos relacionamos e até na vida do planeta.

Quando os gerentes executivos do Ecad de forma extremamente participativa compartilharam seus valores individuais e refletiram sobre si mesmos e a importância dos valores na vida da organização que intenciona ser uma "empresa feliz, de vanguarda, parceira dos criadores intelectuais e fomentadora da produção cultural", concluíram que todos devem se deixar conduzir pela Ética, Responsabilidade, Eficácia, Inovação e Perseverança.

Nesse contexto, para maior clareza e compreensão de todos, os executivos explicitaram o entendimento para cada um desses valores:

- Ética: que deverá ser demonstrada em atitudes que sirvam como exemplo, na escuta a todos, na transparência e no respeito à instituição e às pessoas e na gestão participativa.
- Responsabilidade: deve estar presente no respeito aos direitos e deveres de cada um, no cumprimento do prometido, de prazos e obrigações, na promoção do bem-estar dos colaboradores e na prática da responsabilidade social.
- Eficácia: significa que todos devem trabalhar para obter os resultados com melhor custo/benefício, que devem fazer a diferença e se comprometerem com o atingimento das metas.
- Inovação: estimular as ideias e colocá-las em ação, usar a criatividade, pensar diferente para estar na vanguarda.
- Perseverança: significa perseguir os sonhos e objetivos por meio de esforços concretos: estudos, projetos, sugestões etc. e ter autoconfiança e relação de confiança entre todos para superação dos obstáculos e dificuldades.

A empresa entendeu a importância de disseminar os valores, conscientizando a todos sobre sua importância, assim como o estabelecimento de indicadores que os contemplem na avaliação de desempenho e na pesquisa de clima organizacional.

Hoje, além disso, o Ecad tem buscado reconhecer os serviços prestados por seus colaboradores com comemorações internas, almoços corporativos, encontros nacionais para celebrar metas alcançadas, ações pontuais por equipes lideradas pelos gestores imediatos, além de brindes e ações de *endomarketing*. Realiza também eventos integradores que muito contribuem para o clima de alegria e o próprio negócio da empresa favorece as ações. São feitos anualmente Encontros das Áreas, nos quais colaboradores de todo o Brasil reúnem-se em um Estado brasileiro para discutir relações de trabalho, compartilhar ideias e integrar-se com colegas de todas as regiões do país. Também acontecem as festas de confraternização do final de ano, nas quais são comemorados os resultados obtidos no ano.

Faz sucesso interno e em eventos externos a Banda Expresso 9610, formada por vários colaboradores de diferentes áreas da empresa, a qual ajuda não só no clima de alegria como também a divulgar a "música legal", que é o negócio do Ecad.

Casa do Cliente, "Bom humor 360°"

Outra organização que tem privilegiado a alegria em sua cultura e, portanto, em seu clima, é a Casa do Cliente Comunicação 360°. A empresa, com sede no Rio de Janeiro e escritório em São Paulo, atua no mercado nacional há 12 anos e neste período já acumula treze prêmios de reconhecimento por seus trabalhos. Sua atuação abrange todos os ângulos da comunicação corporativa: interno, institucional e mercadológico, oferecendo uma ampla gama de serviços, o que é possível por manter uma equipe com formações múltiplas, trabalhando de forma transdisciplinar, sempre em busca de inovação em termos de linguagem, mídia, recursos, práticas e resultados.

Seus sócios-fundadores definiram como missão da Casa, como carinhosamente é chamada a empresa:

> Gerar soluções planejadas e criativas em comunicação, com prontidão, paixão e 100% de comprometimento, em perfeita sintonia com o cliente para a conquista de resultados.

Quando sonharam a empresa, compartilharam sua visão de futuro assim:

> Ser uma empresa de comunicação reconhecida no mercado por criar soluções inovadoras e experiências memoráveis para nossos clientes e colaboradores.

A Casa do Cliente tem inovado continuamente em sua missão e visão: lançou, em 2005, a revista *Comunicação 360°*, com distribuição gratuita, para ampliar o debate e a reflexão sobre a prática da comunicação corporativa nas empresas. A cada edição, quadrimestral, um tema importante para a vida das organizações é comentado e analisado, sob o ângulo da comunicação 360º, por profissionais de grandes empresas, pensadores e acadêmicos. Em 2008, criou a rede de conhecimento em comunicação corporativa *Nós da Comunicação* (www.nosdacomunicacao.com) que, além de uma equipe própria de jornalistas e *webdesigners* para produção de conteúdo diário, permite ao usuário ser também gerador de conhecimento, multiplicando tendências, reflexões, teoria, práticas, relacionamento, produtos e serviços que facilitam a vida profissional e corporativa. Em função do *Nós da Comunicação*, a equipe da Casa se mantém constantemente atualizada e capacitada diante das novas tecnologias da informação.

Além disso, muito mais que uma agência de comunicação, a Casa do Cliente se tornou uma incubadora de novos negócios, explorando seu potencial inovador pelo constante treinamento e atualização da equipe, exercitando na prática e em casa as soluções que oferece a seus clientes.

Através do jornal-mural *Notícias da Casa*, que conquistou o Prêmio Aberje 2007 junto com a revista *Comunicação 360º*, na categoria Gestão de Mídia Impressa – promovido anualmente pela Associação Brasileira de Comunicação Empresarial –, a Casa do Cliente integra os funcionários de todas as áreas, divulgando informações estratégicas com transparência, cumplicidade e muito bom humor.

Ao tornar transparentes os objetivos organizacionais e estabelecer canais de diálogo com todos – a porta dos diretores é mantida permanentemente aberta –, as lideranças contribuem decisivamente para criar um clima amigável e propício ao desenvolvimento de ideias inovadoras e relacionamentos saudáveis na equipe, o que potencializa a motivação e retenção dos talentos tão caros neste setor. Dessa e de muitas outras maneiras, procura colocar em prática os Valores

Organizacionais: Respeito, Ousadia, Sintonia, Bom Humor, Timing, Ética, Bem Comum, Comprometimento e Resultado.

O entendimento das lideranças de que para servir é fundamental ter alegria faz com que o bom humor tenha o mesmo peso da competência técnica na contratação de profissionais para integrar o time da Casa. A cada contratação, o profissional responsável por dar as boas-vindas é orientado a valorizar a máxima da Disney "contratamos sorriso, o resto a gente ensina".

Para estimular o bom humor, compensando as pressões diárias, a Casa do Cliente mantém, uma vez por semana, uma terapeuta corporal, responsável por fazer um trabalho de consciência corporal e relaxamento, sempre em grupo, aproveitando a oportunidade para estimular os relacionamentos a partir dos toques que a atividade provoca. Outra fonte de descompressão é aproveitar a tradicional festa mensal dos aniversariantes e a realização de três eventos temáticos nos meses de fevereiro (carnaval), julho (festa julina) e dezembro (festa de final de ano).

Na Casa do Cliente a alegria é chamada de bom humor e este é importantíssimo para fazer com que as pessoas se sintam bem onde trabalham, proporcionando leveza ao ambiente que, pela própria natureza da atividade, é cercado de grande pressão, especialmente pela questão do tempo cada vez menor dado pelos clientes para a elaboração dos projetos. Em uma empresa na qual a atmosfera é contagiante pela alegria, as pessoas se comprometem com os resultados, sentem prazer em trabalhar e a produção é enriquecida não só pelas competências técnicas como também pela paixão com que a causa é assumida. Em uma organização em que a criatividade, a intuição, a sensibilidade são competências essenciais, cada colaborador deve ser compreendido como protagonista. Assim deveria ser em toda empresa que valoriza o ser humano pelo que ele é, e não como um recurso ou instrumento para se alcançar resultados.

Tornar os empregados protagonistas é adotar uma gestão descentralizada, possibilitando maior autonomia e responsabilidade de todos com suas atribuições, o que agiliza os trabalhos e sempre mantém espaço aberto para o diálogo e *feedback* para acompanhar os indicadores de resultados.

Conscientes do seu papel no mundo e da responsabilidade social que toda organização deve assumir, explicitado no valor "Bem Comum", a Casa tem promovido eventos sobre questões importantes, como o desenvolvimento sustentável, tema de uma das edições da revista *Comunicação 360°* e de muitas matérias no *Nós da Comunicação*. Contribui ainda com duas Organizações da Sociedade Civil de Interesse Público voltadas à educação de crianças e jovens: o Espaço Compartilharte e a Junior Achievement RJ, além de procurar diminuir os impactos ambientais de suas atividades coletando e doando material reciclável para a ONG Doe seu Lixo.

Quando as lideranças cultivam valores transcendentes, naturalmente investem no desenvolvimento humano de seus colaboradores, as próprias atividades são oportunidades de crescimento porque são desafios para o pensamento, para a emoção e o espírito, os quais estão inteiramente comprometidos com a causa da organização.

Tamayo comenta que, em geral, têm sido identificados três componentes no comprometimento organizacional: normativo, instrumental e afetivo. O normativo é o comprometimento relacionado à obrigação que o empregado sente em relação à empresa, por exemplo, quando é submetido a pressão e/ou exigências normativas. O componente instrumental refere-se às necessidades do trabalhador ou à sua disposição de permanecer na empresa para não perder os investimentos já realizados, enquanto que o componente afetivo representa muito mais que uma lealdade passiva; é, principalmente, uma relação ativa em que a pessoa se doa à empresa para contribuir, porque estabeleceu um vínculo com a organização aceitando seus valores e normas e deseja explicitamente nela permanecer.

A pessoa comprometida enxerga que a organização é seu espaço de evolução, do autoconhecimento que também acontece na interação com os demais que têm o mesmo propósito, nas relações de afeto, de confiança e ajuda mútua que desenvolve. Nesse ambiente é possível expandir a consciência com o conhecimento, com o trabalho, com a ética que se respira no ambiente e com o serviço que a empresa presta à sociedade.

As lideranças, ao criarem um ambiente familiar no qual as pessoas se sintam elas mesmas, sem a necessidade de usarem máscaras, onde possam expressar seus sentimentos, pensamentos e o melhor de si mesmos sem, obviamente, se descuidarem das metas e objetivos organizacionais, criam na verdade um valor intangível que supera aspectos também importantes, como remuneração, benefícios etc.

É dessa forma que se cria um campo propício para o desenvolvimento da sabedoria coletiva, aquela que emerge quando todos – tendo consciência de que pouco sabem sozinhos e que vivem interligados na grande rede do universo – escutam uns aos outros, interagem, dialogam e compartilham seus conhecimentos e experiências. É desta sabedoria que as organizações mais precisam para resolverem seus problemas e se perpetuarem.

O Rio é Light, "Light é alegria"

Por fim, uma empresa de grande porte que também privilegia a alegria entre seus valores e me parece totalmente alinhada com os pressupostos apresentados anteriormente.

Trata-se da Light, empresa que faz parte da história do Rio de Janeiro desde 1905 e do imaginário popular, tal é a força de sua marca e presença na Cidade Maravilhosa. O início de sua história no Brasil foi em 1899, em São Paulo, onde chegou vinda do Canadá com a missão de produzir energia para nosso progresso. Seis anos depois, chegou ao Rio como *The Rio de Janeiro Trainway, Light and Power Co. Ltd.*, trazendo também os bondes elétricos e logo assumindo o controle da iluminação pública a gás e, em seguida, a elétrica, expandindo a produção para servir a indústrias, comércio e residências.

Em 1979, a empresa foi vendida para a Eletrobras e, em 1996, foi novamente privatizada. Desde 2006, a Light S.A. é controlada pelo Grupo RME – Rio Minas Energia, e está estruturada como uma *holding* de empresas que atuam nas áreas de geração, transmissão, distribuição e comercialização de energia. A atual configuração da empresa inclui as seguintes organizações: Light Serviços de Eletricidade S.A., Light Sesa, Light Esco Ltda. e Light Energia S.A.

A Light Sesa é a quarta maior distribuidora de energia do Brasil, servindo a mais de dez milhões de habitantes de 31 municípios do Estado do Rio de Janeiro. A empresa está comprometida com os Princípios do *Pacto global* da ONU, com os Compromissos das Nações Unidas para o Milênio, com a metodologia GRI – *Global Reporting Initiative* e com os critérios do Índice de Sustentabilidade Bovespa.

A nova administração assumiu com um grande desafio de reverter os resultados que há alguns anos se mostravam inconsistentes e revitalizar a empresa, promovendo uma mudança em sua cultura organizacional.

Em dois anos, com a tenacidade da nova diretoria e de todos os colaboradores da empresa, apoiados pelo Conselho de Administração, obtiveram pleno êxito com os primeiros objetivos traçados no Plano de Transformação. Tal plano consiste em um sistema de metas bem estruturado, desafiador, mas factível, que dimensionou os objetivos da companhia em quatro eixos: Resultados, Produtos, Mercado e Sustentabilidade. Para cada um dos eixos foi definido um conjunto de objetivos, com acompanhamento e mensuração, e um sistema de objetivos globais, desdobrado em metas que levarão a empresa a dobrar seu valor de mercado até o ano de 2010.

Observa-se que, desde o primeiro momento, a nova direção está empenhada para promover uma grande transformação na empresa, e os resultados já são observáveis em vários aspectos. A empresa já recebeu diversos prêmios nesse período, entre os quais:

- Campanha de Segurança da Light;
- Empresa Cidadã pela adesão ao Projeto Maternidade Cidadã;
- Top Social 2008 pela gestão com foco na sustentabilidade;
- Presente no ranking das 50 empresas mais sustentáveis;
- Marketing Best de Responsabilidade Social;
- Programa de Engajamento e Liderança;
- Prêmio Nacional de Responsabilidade Socioambiental Empresarial;
- ISE Bovespa;
- Empresa Cidadã;
- Centro Cultural Light – Acessibilidade Nota 10.

Ressalte-se que para promover essa mudança de um modelo de geração de resultados para outro que é de criação de valor exige-se o esforço de todos para alcançar o objetivo que transcende a simples obtenção de lucro; na verdade, trata-se de buscar a perenidade – aquilo que faz com que uma empresa alcance um patamar de excelência e se mantenha nele, sem perder a capacidade de adaptar-se e crescer num ambiente econômico em permanente evolução.

Para tanto, a empresa contou com o apoio da FBDS – Fundação Brasileira para o Desenvolvimento Sustentável, a fim de buscar um maior entendimento das necessidades, expectativas, oportunidades e desafios relacionados ao rumo da Companhia, assim como seu modelo de gestão e compromisso com a sustentabilidade. Em um Painel em que participaram diversos especialistas, foram definidos os seguintes temas prioritários para o desempenho da empresa:

- Construção do Futuro – apresenta o posicionamento da Light diante dos desafios para o desenvolvimento do negócio de forma sustentável.
- Desenvolvimento do Rio de Janeiro – mostra a relevância do desenvolvimento da área de concessão para o aumento da geração de valor da companhia, o plano de ação concebido para ampliar as oportunidades, dentro da área, além da atuação da Light em relação à regulamentação do setor energético.

- Atuação frente aos desafios ambientais – exibe a visão global da companhia e o detalhamento das ações da Light para reduzir os impactos de sua atividade no meio ambiente.
- O valor do serviço – apresenta o desafio de mudar a percepção do cliente em relação ao valor do serviço prestado pela Light.

É óbvio que, para se concretizar um projeto de tal porte, é necessário que todos estejam envolvidos e comprometidos com a mesma causa, de tal modo que o conceito e tudo o que ele significa passe a fazer parte da rotina de todos na empresa, não só das lideranças e colaboradores, como também dos fornecedores, clientes e prestadores de serviço.

Na base de uma atuação transformadora em caráter permanente, a Light considera que um quadro de profissionais imbuídos de valores comuns é essencial para qualquer estratégia vencedora.

Com esse pressuposto, a Light definiu que seus valores são:
- Foco nos resultados – o objetivo é contribuir para o esforço conjunto por meio da superação das metas individuais e do grupo a que se pertence.
- Valorização do mérito – o esforço individual é fundamental para que se faça o melhor no trabalho, para ser mais competente, inovador e companheiro.
- Coragem e perseverança – enfrentar os desafios com coragem para modificar hábitos arraigados e superar resistências, e com perseverança para insistir no sucesso, mesmo tendo nesta busca que modificar suas ideias iniciais.
- Comportamento ético e solidário – a companhia sabe que só se alcança o sucesso por meio da solidariedade dos grupos, com os colegas de trabalho se ajudando e zelando pelo comportamento ético no trabalho, pelo respeito ao meio ambiente e pelo compartilhamento de informações e experiências.
- Alegria – não é preciso ser triste para encarar o trabalho com seriedade. É essencial um ambiente alegre, traduzindo a confiança em

um futuro melhor e com uma inabalável fé em encontrar soluções para suas dificuldades.

Parece-me extremamente relevante que, ao assumir a direção da empresa, as lideranças proponham um elenco de valores que possibilitem não só o reerguimento da organização em termos de resultados tangíveis, remuneração dos acionistas e reputação no mercado, como algo tão inovador em uma empresa centenária como a alegria no trabalho. Certamente, a alegria como um valor possibilita não só a elevação da autoestima dos trabalhadores, mas aglutina a todos em torno de um objetivo comum e o orgulho de se trabalhar em uma empresa que os valoriza como gente.

Para mobilizar um contingente de mais de quatro mil empregados efetivos e outros milhares de prestadores de serviço é essencial que haja clareza na missão. Assim, seus dirigentes propuseram como Missão da Light:

> Ser uma grande empresa brasileira comprometida com a sustentabilidade, respeitada e admirada pela excelência do serviço prestado aos seus clientes e à comunidade, pela criação de valor para seus acionistas e por se constituir em um ótimo lugar para se trabalhar.

Em um período de um ano, a totalidade dos empregados e gestores da empresa foi treinada em workshops de um dia inteiro sobre os valores e a missão da empresa, de modo que todos, conscientes de sua participação e responsabilidade, contribuam efetivamente para sua realização.

É notável o fato de que a Light não só incluiu o comprometimento com a sustentabilidade em sua missão, como aderiu livremente aos Princípios do *Pacto global* e procura contribuir para que sejam alcançadas as metas definidas pela *Declaração do milênio* das Nações Unidas.

Com a adesão ao *Pacto global*, a Light tem o compromisso de informar anualmente às Nações Unidas exemplos concretos de progressos ou lições aprendidas na implementação dos dez princípios. A empresa se compromete, ainda, a difundir os princípios do *Pacto* junto aos seus colaboradores, acionistas, clientes e fornecedores.

Na Light, a visão recebeu o sugestivo nome de Ambição Estratégica, e foi definida por meio de um processo de engajamento do qual participaram os superintendentes e diretores, referendado pelo Conselho de Administração, e está expressa da seguinte forma:

> Ser uma organização sustentável, diferenciada em termos de governança, excelência organizacional, gestão de ativos, liquidez das ações e retorno para os acionistas; consolidar a coesão em torno de uma cultura orientada para resultados, valorização das pessoas, satisfação do cliente, e para o desenvolvimento da área de concessão; crescer dentro do negócio atual e/ou em novos negócios e criar bases sustentáveis para os resultados.

A partir das premissas estabelecidas na Missão e Ambição Estratégica (visão), a Light desenvolveu seu planejamento estratégico como um guia para o alinhamento de todas as ações voltadas para otimizar o processo de alcançar as metas. Na empresa, o Planejamento Estratégico é revisto anualmente, com horizonte detalhado para quatro anos e indicativo para prazos mais distantes, quando considerado necessário.

Evidentemente não basta planejar; o mais importante é cumprir o que foi planejado e este é sempre resultado de um processo estruturado, no qual se analisa o ambiente e se definem estratégias, programas e metas que sejam mensuráveis e pactuadas com os envolvidos. Toda a execução deve ser acompanhada passo a passo e realizada de acordo com o orçamento da empresa.

Em seguida, a empresa vinculou o alcance de todas as metas e compromissos de gestão pactuados entre o conselho de administração e a diretoria e entre a diretoria e todos os gestores, de modo que todos se tornaram solidários com as metas globais. Tais metas, por sua vez, são decompostas de forma estruturada em elementos que serão executados por cada uma das unidades da empresa. E tais compromissos são a base da remuneração variável para os gestores.

Uma das diretrizes mais importantes do Planejamento Estratégico é a integração dos gestores. Para isso, foram conduzidos workshops com superintendentes e diretores, garantindo que os objetivos, metas e compromissos de gestão fossem amplamente discutidos e validados pelos colaboradores que ocupam posições estratégicas na empresa.

Para tornar isso possível, a Light elaborou Políticas Corporativas formais e de livre acesso ao público (todas estão disponíveis em seu site www.light.com), para que todos estejam alinhados com a Missão e a Visão da Organização.

Apoiada em um conjunto de políticas que definem e respaldam as melhores práticas corporativas, no sentido de proporcionar um tratamento igualitário a todos os empregados e estimular, como um de seus principais valores, a alegria no trabalho, a Light desenvolve um conjunto de ações voltadas para o crescimento de seus empregados no ambiente profissional. Essa gestão é pautada pelos seguintes instrumentos corporativos:

- **Código de Ética**
  Permeia o relacionamento com todos os setores da sociedade. Os gestores e colaboradores da empresa são responsáveis por divulgar e fiscalizar o cumprimento dos valores e princípios éticos entre clientes, fornecedores, acionistas, governo, órgãos reguladores e demais segmentos da sociedade, de forma a garantir a condução dos negócios da Light dentro dos padrões éticos definidos pelo código.
  É parte integrante do contrato de trabalho e também do contrato de prestação de serviços de todos os fornecedores e terceirizados.

- **Acordo de Responsabilidade Social**
  Assinado junto com os sindicatos representativos de seus colaboradores, esse acordo reforça o envolvimento da direção da

Light e de todos os colaboradores nas ações de responsabilidade social, permitindo, inclusive, o fortalecimento do diálogo social no âmbito da empresa.

- **Política Social Corporativa**
  Tendo por objetivo consolidar em uma única peça as diretrizes para a atuação social da organização, incluindo os principais pontos já contemplados no Código de Ética e no Acordo de Responsabilidade Social. As principais diretrizes são:
  — Estar alinhado com os *Princípios de proteção e de defesa dos direitos humanos* das Nações Unidas, as Convenções Fundamentais da OIT – Organização Internacional do Trabalho e os dez Princípios do *Pacto global* das Nações Unidas;
  — Selecionar os fornecedores com base em requisitos de qualidade referentes à ética e ao cumprimento das Convenções da OIT e promover, junto aos fornecedores, os dez Princípios do *Pacto global*;
  — Exercer a cidadania e a ética, conforme definido no Código de Ética;
  — Desenvolver ações sociais e pedagógicas nas comunidades do entorno das empresas do grupo;
  — Buscar junto aos consumidores e à sociedade soluções para os problemas urbanos que interferem na prestação de serviços;
  — Apoiar a elaboração de políticas públicas por meio de propostas ou posicionamento formal;
  — Não efetuar qualquer tipo de financiamento/doação a candidatos a cargos públicos e/ou partidos políticos, uma vez que tal prática é proibida às concessionárias de energia elétrica.

- **Política Ambiental da Light**
  Elaborada para atender à NBR ISO 14001 durante a implantação do Sistema de Gestão Ambiental Corporativo, mantém compromis-

sos legais e a busca da melhoria contínua das práticas ambientais, normas técnicas e guias de conduta, segundo os princípios do desenvolvimento sustentável. A política revela todos os compromissos assumidos quanto às ações de fomento às boas práticas de gestão ambiental e foi disseminada entre todos na empresa.

- **Política de Diversidade da Força de Trabalho**
  As Diretrizes de Direitos Humanos são observadas pela empresa e são explicitadas em seu conjunto de políticas corporativas. Na grade de formação são trabalhados os princípios fundamentais de direitos humanos e todos os procedimentos inerentes ao desempenho das atividades dos profissionais, em conformidade com o Código de Ética da organização.
  A Light contrata portadores de deficiência e já cumpriu sua cota prevista na legislação. Dentro do que preconiza a Política de Diversidade da Força de Trabalho da Light, além da inserção profissional, a companhia estimula a formação desses empregados. Um programa específico, elaborado pela Academia Light, inclui um módulo básico de integração à empresa e capacitação em competências básicas administrativas, rotinas, procedimentos e sistemas internos, pacote *office* e língua portuguesa. Quem ainda não concluiu o Ensino Médio, é direcionado para o curso supletivo, desenvolvido em parceria com o Sesi.
  Uma série de workshops de sensibilização, desenvolvidos com o intuito de preparar a organização para receber os novos empregados portadores de deficiência, envolveram aproximadamente 90 empregados, desde os principais líderes da organização até os profissionais das áreas receptoras.

- **Manual de Governança Corporativa**
  O manual, aprovado pelo conselho de administração, define, formaliza e apresenta a todos os públicos relacionados os prin-

cípios do modelo de gestão em governança adotado na Light. Inclui aspectos como as instâncias de governança corporativa, suas funções, atribuições, periodicidade de reuniões e padrões de relacionamento externo, além de preceitos éticos e ênfase em posturas de transparência e equidade, de modo a evitar situações de conflitos de interesses. Além disso, a empresa se associou ao Instituto Brasileiro de Governança Corporativa, principal referência nacional no tema e cujo objetivo básico é desenvolver e fomentar conceitos e práticas de gestão empresarial. Outro ponto que reforça e reconhece a busca por melhores práticas de governança na Light é sua inclusão na carteira do Índice de Sustentabilidade Empresarial – ISE – da Bovespa.

Segundo o Manual de Governança Corporativa da Light, o termo Governança Corporativa pode ser entendido como o conjunto de mecanismos formais e práticas que, respeitando os grupos de interesse que se relacionam com a companhia – acionistas, administradores, executivos, empregados, governo, meio ambiente, mercado de capitais, instituições financiadoras, comunidade e outros –, destina-se a atender aos objetivos de criação de valor para a companhia e seus acionistas, estabelecendo um nível adequado de transparência e comunicação com o mercado e demais *stakeholders*.

A Governança Corporativa da Light é focada em atender aos nove princípios adotados na construção de seu modelo de Gestão Corporativa, que, por sua vez, refletem os objetivos da empresa. Esses princípios constituem o principal instrumento de que a organização dispõe para evitar e dirimir conflitos de interesse. São eles:

1) ética;
2) equidade (tratamento justo e igualitário aos grupos minoritários e às demais partes interessadas);
3) estabilidade (garantia da continuidade dos processos corporativos);

4) alinhamento (foco dos administradores na maximização do valor para os acionistas em conjunto);
5) agilidade para a tomada de decisões e sua implementação;
6) transparência de informações;
7) clareza de papéis para todos os órgãos;
8) meritocracia (valorização das capacidades, comprometimentos, posturas e ações que agreguem valor para a empresa);
9) prestação de contas.

Estabelece papéis bem definidos para cada órgão e também fóruns de interface para a troca de informações entre as partes, de modo a garantir que os interesses de todos sejam considerados e tratados da maneira mais transparente possível, trazendo confiabilidade e agilidade ao processo.

A diretoria é responsável pela gestão direta dos negócios, executando a estratégia aprovada pelo Conselho de Administração. É composta por nove membros: diretor-presidente, diretor vice-presidente executivo e de relações com investidores, diretor de clientes, diretor de desenvolvimento de concessão, diretora de gente, diretor de energia e meio ambiente, diretor de novos negócios e institucional, diretor do Instituto Light e diretor jurídico.

No que se refere à Gestão de Pessoas, a Light desenvolve uma série de programas de modo a favorecer o cumprimento de seus objetivos e de tornar a empresa um ótimo lugar para se trabalhar, conforme prevê sua missão. Tais ações estão focadas nos seguintes eixos: Liderança, Gestão do Conhecimento, Segurança do Trabalho, Qualidade de Vida, Correção de Distorções, Realização Profissional e Transparência.

Para que o colaborador esteja sempre motivado e que, além de suas funções na empresa, seja um líder em sua comunidade e um incentivador do voluntariado, a alegria como um dos valores da empresa se tornou imprescindível e guia – como os demais valores – diversas ações que possibilitam sua concretização.

A Light procura indicar com clareza os objetivos a serem alcançados por seus colaboradores e pelas áreas e presta periodicamente informações corporativas e de resultados.

As melhores práticas trabalhistas não são apenas metas da Light na gestão de pessoas, sendo também buscadas nos fornecedores, por meio da adoção de critérios de seleção, cláusulas contratuais e avaliações periódicas de desempenho. Qualquer falta grave e não corrigida após notificação, em matéria de respeito à legislação, de saúde-segurança dos colaboradores, de comportamento ético para com os clientes e de respeito ao meio ambiente, resulta na interrupção das relações com o fornecedor.

Foi implantado um Sistema de Gestão do Trabalho Seguro com foco na atitude preventiva, relacionada ao gerenciamento de riscos nas principais atividades desenvolvidas pelas empresas do setor elétrico. O sistema preconiza o atendimento às melhores práticas, por meio do cumprimento de protocolos organizados em 22 elementos, que são agrupados em cinco grandes temas: Liderança, Gestão de Riscos, Educação, Controle e Monitoramento.

Regularmente são conduzidas auditorias de gestão da segurança do trabalho, as quais permitem realizar um diagnóstico que identifica e monitora a qualidade e eficiência das práticas adotadas na execução dos serviços. São auditados: atuação da supervisão técnica, métodos e procedimentos, qualificação, habilitação e autorização dos profissionais que atuam em áreas de risco.

Presidido pela diretora de gente, o Comitê Permanente de Prevenção de Acidentes tem representação de diversas áreas da empresa e dos sindicatos dos empregados. Suas atribuições são acompanhar o cumprimento das diretrizes da Política de Segurança, desenvolver uma cultura de prevenção, avaliar resultados e propor ações que visem a preservação da saúde do trabalhador, inclusive os empregados das empresas contratadas.

Atrair pessoas cujos valores estejam alinhados com os valores e a missão da companhia é o principal foco da Política de Recrutamento e Seleção da Light. Para assegurar a realização desse objetivo estratégico, a empresa investiu fortemente em programas que contemplam a retenção e a renovação de seus talentos, entre os quais o Programa de Trainees, de Estágio e o Jovem Aprendiz. O Programa de Oportunidades Light de Recrutamento Interno promove o crescimento e o desenvolvimento dos profissionais da companhia e dá maior transparência ao processo de recrutamento.

O programa de Remuneração Variável é baseado em resultados de equipe e corporativos, além de aspectos individuais. Para os executivos, além de metas corporativas, são contratadas, por meio de Compromissos de Gestão, metas específicas dentro de sua área de atuação, alinhadas à estratégia da empresa.

A Academia Light, definida como um centro de gestão de conhecimento e desenvolvimento humano dos empregados da empresa, está estruturada em quatro escolas de aprendizagem: Liderança, Desenvolvimento Pessoal, Técnica e Comércio.

Os principais objetivos da Academia são contribuir para:

- fazer da Light um ótimo lugar para se trabalhar;
- realizar os resultados, com a melhoria da qualidade e da produtividade dos processos e serviços organizacionais;
- viabilizar as estratégias de negócio definidas no Planejamento Empresarial;
- desenvolver em todos os gestores competências humanas e empresariais, habilitando-os na multiplicação do conhecimento, missão e valores empresariais;
- desenvolver nos níveis profissional, técnico, administrativo e operacional competências humanas e técnicas;
- ampliar as perspectivas de crescimento pessoal e profissional dos colaboradores da Light e na sequência dos parceiros, clientes e comunidade;
- priorizar o protagonismo e a capacidade de inovação como fatores relevantes para o crescimento profissional dos colaboradores da empresa.

Dentre seus diversos projetos, a Academia Light lançou o Programa "Mais Valor", que tem como objetivos contribuir para o alinhamento da cultura organizacional e a mobilização dos empregados para a construção de uma nova realidade, orientada para a competitividade, a excelência e a valorização das pessoas, da empresa e da área de concessão; e dar suporte à criação de uma sólida cultura de resultados, dentro da qual os empregados evoluam do conceito de colaboradores para o de parceiros efetivos na construção de valor para a empresa, enquanto crescem pessoal e profissionalmente. Por isso, a Receita Light de empresa fala em pessoas com valores que se reúnem com um objetivo comum.

Os Programas de Desenvolvimento de Lideranças e Engajamento dos Empregados, concebidos de forma integrada, proporcionaram a todos os colaboradores, gestores e não gestores a oportunidade de colocar frente a frente Missão e Valores da Light e missões e valores que norteiam suas vidas. Com esses programas, foi dada a partida, de forma consistente, a um processo contínuo de conscientização do colaborador sobre seu papel como pessoa, como profissional e como cidadão, e sobre sua contribuição para a construção da Light e da sociedade nas quais se quer trabalhar e viver.

Há ainda o Programa Face a Face (encontros trimestrais entre gestores e suas equipes), o Líder Comunicador (capacitação de líderes) e o Programa Light de Educação de Jovens e Adultos, em parceria com o Sesi.

Dentro do escopo do projeto Cultura de Resultados e Mérito, as competências organizacionais e humanas da Light são transmitidas para os empregados de modo que todos tenham clareza das expectativas da organização quanto ao seu desempenho. Isso impulsiona e viabiliza o processo de *feedback* individual dos pontos fortes e oportunidades de melhoria, assim como a evolução contínua da performance das equipes.

O Programa Qualidade de Vida – Energia Vital realiza uma série de atividades visando a prevenção e o controle dos riscos de doenças graves. Tendo por base um mapeamento feito do Perfil de Saúde na empresa, a Light tem promovido o Programa de Redução de Obesidade, Semana do Coração, Controle de Diabetes, Colesterol e Hipertensão, processos de conscientização sobre os males do fumo, câncer de pele, DST/Aids, exames médicos para identificação precoce do câncer de próstata, mama, abdominal, pélvico e de tireoide. Há ainda a Campanha Nacional de Prevenção à Gripe e Demais Doenças Respiratórias, Programa de Prevenção e Tratamento à Dependência Química, Programa Corporativo de Ginástica Holística, além de visitas domiciliares de médico e assistente social para acompanhamento de colaboradores portadores de doença, dicas de saúde e espaço de reflexão para aqueles que estão vivendo momento de maternidade/paternidade – Programa Bebê Saúde.

A empresa adotou o *slogan* "O Rio é Light" e ele significa muito mais que um *slogan* publicitário. É a expressão de um vínculo essencial. Revela o quanto a sustentabilidade da empresa está relacionada com o desenvolvimento de sua área de influência, a cidade e o Estado do Rio de Janeiro. Em tempos de interdependência não há sucesso empresarial isolado, especialmente no setor de prestação de serviços. Em função disso, a Light integra-se em iniciativas públicas e privadas em temas como aprimoramento do planejamento urbano, a redução da informalidade ou a revitalização da indústria. Afinal, é a partir de uma demanda crescente por suas soluções que a Light poderá ampliar sua geração de valor para todos.

A eficiência energética está na base do relacionamento que a Light vem desenvolvendo com as comunidades em sua área de concessão. Ações de inclusão social, fortalecimento da cidadania, desenvolvimento urbano, estímulo às atividades culturais, educação, saúde, esporte e transmissão do conhecimento refletem a preocupação constante da empresa com o uso inteligente da energia, para que todos possam usufruir dela sem risco de uma crise de abastecimento. Com esse propósito, a Light criou o PAT – Plano de Atendimento às Comunidades, o Projeto

Comunidade Eficiente que já atendeu mais de 250 mil residências, conscientizando sobre os benefícios e uso racional da energia, além de doar equipamentos eficientes e promover a regularização técnica e comercial. Há ainda os programas de inclusão digital em parceria com o Comitê para Democratização da Informática – CDI, as Agências de Família em parceria com o Banco da Providência e o Programa Pré-Vestibular das comunidades da Maré e do Caju.

A missão principal do Instituto Light é contribuir para o aprimoramento das condições econômicas e sociais da área de concessão da Light. O instituto é também a interface da empresa com consumidores e sociedade, na discussão e busca de soluções para os problemas urbanos que interferem na prestação de serviço.

Os programas desenvolvidos nos cinco eixos de atuação do órgão – Urbano, Social, Ambiental, Cultural e Institucional – têm por objetivo trabalhar questões relevantes na promoção do bem público e sua sustentabilidade econômica, além de promover a cultura, a memória do Rio e da Light, incentivar a ciência, a história e a literatura, promover a preservação do meio ambiente e o uso racional da energia, entre outros.

Alinhada à estratégia de valorizar o Rio, sua área de concessão e valorização das pessoas, a Light tem patrocinado diversos grandes eventos nacionais e internacionais que acontecem no Rio de Janeiro, dos quais participam muitos dos seus colaboradores, tais como a Maratona do Rio, Volvo Ocean Race, Light Port in Race, Arraial da Providência, entre outros.

O Centro Cultural da Light é visitado por milhares de pessoas que desfrutam das atividades que sempre promove para despertar a qualidade de vida, a alegria e o orgulho de ser uma empresa comprometida com seus valores.

**

Esta breve apresentação de três empresas de portes e segmentos distintos buscou reforçar nosso argumento de que é possível construir outro tipo de organização em que os valores possibilitem vencer desafios, atingir e até superar os objetivos e viver a vida com alegria. Além disso, essas, e certamente muitas outras empresas, ressaltam que uma nova consciência está presente de forma admirável: os referidos resultados já não são apenas os lucros financeiros imediatos; eles transcendem significativamente as fronteiras da empresa e favorecem a crença de que outro mundo também é possível.

Se, como ensinou Francisco de Assis, a perfeita alegria está no equilíbrio interior sustentado pelo alicerce firme dos valores espirituais, também o é para as organizações que, se estiverem ancoradas em sólidos valores, saberão atingir seus objetivos com pessoas felizes.

Não importa o porte da empresa, não importa seu segmento, todas devem assumir a responsabilidade pela vida em seu mais pleno sentido. É, como afirmou Bernard Shaw, citado na epígrafe: "*Nosso direito de consumir felicidade sem produzi-la não é maior do que o de consumir riquezas sem produzi-las*".

Ao valorizarem a alegria, as organizações estão colocando a ênfase devida no ser humano, que é o responsável por tudo o que se relaciona com os negócios; e, mais ainda, ao ampliarem seu olhar para as sérias questões que atingem a todos no planeta e no entorno de seus escritórios e fábricas, elas percebem que a questão da sustentabilidade passou a ser um dever crucial de toda organização em vista do bem comum, porque não é possível viver plenamente a alegria se ao redor há sofrimento e tristeza.

E se esta é uma responsabilidade de todos os homens e mulheres do planeta, maior ainda é daqueles e daquelas que exercem a liderança nas empresas, pois o exemplo deve sempre começar pelos líderes e, como disse o Mestre, "*a quem muito foi dado muito será cobrado*".

CONCLUSÃO

"Alegrem-se! Mais uma vez eu digo: alegrem-se!"

*Fiz o que tinha de fazer.
Que Cristo vos ensine o que cabe a vós.*
Francisco de Assis

Quando jovem, ainda no início de sua conversão, Francisco costumava passar horas em meditação e oração nos arredores de Assis. Na região da Úmbria havia algumas pequenas igrejas abandonadas onde ele gostava de ir. Em uma dessas ocasiões, estava ele rezando em uma igreja quase em ruínas, dedicada a São Damião, quando ouviu uma voz que vinha do Cristo crucificado. A voz lhe dizia: *"Francisco, vai e restaura a minha casa. Vês que ela está em ruínas"*.

Naquele instante, ele foi tomado de grande alegria e temor e, extasiado por ter ouvido a voz de Deus lhe chamando, imediatamente se pôs a trabalhar para restaurar a igreja de São Damião e, em seguida, outra e mais outra... Ele tinha interpretado aquele chamado literalmente, porém sua vocação era muito maior do que a de pedreiro restaurador de prédios arruinados. A casa em ruínas era a própria Igreja e o mundo de então.

Ao longo do tempo foi ampliando sua consciência acerca de sua missão no mundo e a cumpriu fielmente e, momentos antes de morrer, abençoando a todos os seus confrades, disse-lhes: *"Fiz o que tinha de fazer. Que Cristo vos ensine o que cabe a vós"*.

Ao refletir sobre estes importantes momentos da vida de Francisco, ocorre-me que muitas vezes "interpretamos literalmente" a nossa vocação e corremos o risco de nos apequenar em nossas profissões, detendo-nos em nossos cargos ou cuidando apenas dos resultados imediatos como se nossa vida pudesse ficar reduzida tão somente a "cumprir uma ordem de restaurar um prédio".

A vocação humana transcende qualquer profissão e qualquer posição de liderança. O exercício de quaisquer profissões e a ocupação dos melhores cargos da estrutura organizacional ainda não será nada se não tivermos plena consciência de quem somos e de qual é o nosso propósito neste mundo. Cada ser humano tem uma missão a cumprir e, certamente, ultrapassa as fronteiras das organizações onde se trabalha; é imensamente maior do que podemos supor. É preciso, portanto, que cada um de nós perscrute, interrogue-se a si mesmo, ou como fazia Francisco em suas longas reflexões e questionamentos a Deus: "*Senhor, que queres que eu faça?*" Mas devemos encontrar a resposta sobre nossa missão a fim de que, ao final da jornada, possamos ter a consciência de que fizemos o que era para ser feito e de que o mundo se tornou melhor porque passamos por aqui.

E se estamos aqui – por um período de tempo tão curto nesses bilhões de anos do planeta – para encontrarmos a perfeita alegria, isto é, para sermos felizes, é preciso que tenhamos consciência de que somente seremos plenamente felizes, verdadeiramente alegres, na medida em que nos doarmos e trabalharmos criando condições para que os outros também sejam felizes, para que também encontrem a alegria de viver. Porque, no final, é isso que realmente conta. Os grandes homens e mulheres da humanidade são lembrados sempre pelo legado que deixaram e tudo o que fizeram foi servir aos outros, para que a vida de todos – e não apenas de alguns – fosse melhor; trabalharam por uma causa nobre, buscaram o bem comum, o que hoje pode ser chamado de desenvolvimento sustentável.

Assim nos assemelharemos a Francisco e nos aproximaremos do Transcendente que nos chama a reparar o que está em ruínas. E é árdua a missão. Há muito que ser reparado, há muito que ser corrigido em nós mesmos, nas empresas e no mundo. É missão indelegável de cada um de nós assumir o compromisso para que a vida seja melhor para todos. Não se trata de uma missão religiosa, mas de um imperativo da própria vida que nos convoca a sermos seres humanos no mais pleno sentido. Todavia, se entendemos religião em seu sentido de *religare*, religar o humano com o Transcendente e religar todos os seres humanos entre si, então também é uma missão religiosa, pois o materialismo tem nos afastado do Sagrado que dá sentido à vida e o individualismo e a competição desenfreada têm nos afastado uns dos outros...

Todo líder é responsável por promover a "re-ligação" do que está separado em sua equipe, em sua organização. E será bem-sucedido se – a exemplo de Francisco – souber escutar, dialogar e se colocar a serviço dos outros, estiver sempre disponível para ajudá-los a crescer, descobrindo, reconhecendo e valorizando seus talentos e potencialidades, transmitindo o entusiasmo e a confiança a ponto de as pessoas se sentirem inspiradas e contagiadas por sua presença e seu exemplo.

Como a liderança é a principal responsável pela construção e manutenção da cultura e do clima, está em suas mãos promover um ambiente favorável à alegria através de bons relacionamentos fundamentados na ética, nos quais a tônica seja a cooperação mútua e as pessoas sejam respeitadas em sua dignidade. É certo que o otimismo e o bom humor são elementos importantes, porém, muito mais que isso, tornam-se competências essenciais para atingir objetivos e melhorar os resultados da organização.

E que mais o líder pode fazer para estimular a motivação e obter o comprometimento de sua equipe, de acordo com o que vimos na trajetória de Francisco de Assis? Além dos aspectos já expostos anteriormente, alguns outros merecem ser enfatizados:
- Creio que o primeiro passo é a consciência de que toda transformação começa sempre em cada um de nós, no autoconhecimento

e, principalmente, no desenvolvimento das dimensões emocional e espiritual. Assim foi com Francisco e sua descoberta da perfeita alegria.

- Quando passou a liderar o grupo que espontaneamente a ele se juntou, passou a enviar seus companheiros para as missões, algumas até muito arriscadas, e depois os reunia para compartilharem suas experiências. O líder deve desafiar sua equipe e acompanhar os resultados.
- Continuamente ele os convidava à reflexão, à meditação silenciosa. O líder deve fazer pensar e não oferecer as respostas prontas, mas as perguntas que provocam a reflexão, o aprendizado e as soluções.
- Ele tinha grande zelo por cada um dos seus seguidores, cuidando de seu aperfeiçoamento, orientando e corrigindo. O líder deve assumir o compromisso pelo desenvolvimento integral de seus colaboradores, não só o aspecto técnico-profissional, mas também a dimensão física, emocional e espiritual; deve dar contínuo *feedback*, elogiar e corrigir quando necessário.
- Regularmente ele se isolava para meditar e orar; assim desenvolveu uma grande percepção, intuição e capacidade para escutar o inaudível e também a todos. Para liderar é essencial saber escutar em todos os sentidos.
- Refletimos sobre a távola redonda franciscana e os Capítulos que ele criou como uma grande assembleia; o líder precisa promover um modelo de gestão que seja participativa, na qual as pessoas possam expor seus sentimentos e pensamentos sem medos e inibições.
- Na fundação das Ordens, definiu a missão específica de cada uma, estabelecendo regras e valorizando a relação fraterna na vida comunitária. Assim deve ser o papel das lideranças: orientar para a missão, definir as regras com clareza e ser capaz de criar comunidade onde todos sintam alegria de conviver.

- Inspirados por Francisco, seus seguidores ressignificaram suas vidas e viveram intensa e alegremente seus dias, embora muitas vezes tenham passado por situações extremamente difíceis. O líder deve ser o inspirador da equipe e ajudar a cada um a encontrar o sentido do trabalho, tornando-o fonte de realização e alegria.
- Enfim, foi a admirável autenticidade e coerência de Francisco que levou tantos a fazer escolha semelhante e seu exemplo até hoje continua inspirando milhões de pessoas. O líder consciente sabe que ele sempre será visto como um exemplo e que deixará um legado na vida das pessoas e da organização que lidera.

Há ainda um aspecto que merece ser refletido e atualizado para nossa vida e para as lideranças de modo geral. Poucos meses antes de sua morte, já bastante enfermo, estava Francisco na região de Sena quando ditou um testamento do qual restou apenas este fragmento:

> Escreve que abençoo a todos os meus irmãos, tanto os que estão na Ordem agora como os que nela entrarem até o fim do mundo... E como por causa de minha fraqueza e de meus sofrimentos já não lhes posso falar muito, quero elucidar brevemente em três frases a todos os meus irmãos atuais e futuros qual a minha vontade: que, em sinal de minha memória, de minha bênção e de meu testamento, sempre se amem; que guardem sempre amor e fidelidade à nossa senhora Santa Pobreza; que sempre se mantenham submissos e prontos a servir aos prelados e clérigos da Santa Mãe Igreja.

Era por volta do mês de maio do ano de 1226 e, já percebendo que se aproximava o fim de sua vida, quis abençoar a todos até o fim dos tempos, lembrando de três aspectos essenciais: o amor fraterno, a fidelidade e o compromisso assumido com o desapego e a humildade e atitude de servir. Para todos os confrades e cidadãos da região, receber uma bênção de Francisco era motivo suficiente para transbordar de alegria.

Parece-me que hoje já não se faz mais testamento como o de Francisco (a não ser das grandes fortunas que, em geral, se transformam em fontes de conflito) e também se perdeu o costume de abençoar. Houve época na história que uma bênção valia mais que um dote e era motivo de júbilo. De que valeria o dinheiro sem a bênção? O abençoado, no entanto, era um afortunado e pela bênção recebida conquistava muito mais. A bênção se torna fonte de alegrias porque é muito mais que uma graça, dádiva ou energia; ela chega como uma honra, dignificando a pessoa que a recebe. Abençoar significa bendizer, dizer bem, dizer uma boa palavra para o outro, desejar ao outro o melhor para sua vida reconhecendo nele sua grandeza, sua singularidade e dignidade; é uma forma de se fazer presente na vida do outro, acompanhando-o para sempre – "eu estarei sempre contigo, pode contar comigo" – e, assim, de algum modo, o que abençoa deixa sua marca e fortalece o abençoado em sua caminhada.

Oxalá chegue logo o dia em que os grandes líderes – pessoas que certamente foram de algum modo abençoadas – tomem consciência de sua missão transcendente – aquela que ultrapassa todos os limites do cargo e da profissão – e passem a abençoar não só seus seguidores, mas a todas as pessoas com quem se relaciona. Assim estarão legando uma herança mais valiosa, um testamento espiritual que será sua indelével marca na vida das pessoas e estarão formando novos líderes, agentes da transformação, responsáveis pela construção de organizações saudáveis e de um mundo melhor para todos.

* * *

Caro(a) leitor(a), iniciamos esta reflexão com muitas questões sem a pretensão de responder a todas e de forma absoluta, esperando apenas gerar outras reflexões e muitas outras questões, mas, sobretudo, desejando que a alegria – aquela que Francisco de Assis descobriu, viveu e transmitiu – possa chegar plenamente ao seu coração e você, assim como ele quis ser e certamente foi, torne-se também um agente de transformação e instrumento a serviço da paz em todo lugar que você estiver.

É para isso que aqui estamos.

Ouso concluir, tomando emprestado o texto que ele frequentemente utilizava, desejando que a Alegria lhe acompanhe todos os dias de sua vida.

    O Senhor te abençoe e te guarde.
    O Senhor faça brilhar sobre ti a sua face e se compadeça de ti.
    O Senhor volte para ti o seu rosto e te dê a paz.

Paz e bem!

ANEXO

Cronologia da vida de São Francisco de Assis

1181/1182 – Nasceu na cidade de Assis e foi batizado pela mãe com o nome de João. O pai – rico comerciante – na ocasião estava viajando para a França e quando chegou mudou seu nome para Francisco.

1202 – Aconteceu a guerra entre as cidades de Perusa e Assis. Francisco, então com 20 anos de idade, participou da guerra e, derrotado, ficou um ano preso em Perusa. Adoeceu gravemente na prisão e foi resgatado pelo pai.

1204 – Durante longo tempo esteve doente na casa dos pais e, restabelecido no início de 1205, foi para a guerra na Apúlia. Retornou em seguida para Assis após ter tido uma visão. Nessa ocasião começa seu processo de transformação, de conversão religiosa.

1205 – Entre setembro e dezembro, entende ter recebido uma mensagem do crucifixo na Igreja de São Damião. Nesta mensagem sente-se chamado por Cristo a *reconstruir a sua casa que está em ruínas*. Faz uma interpretação literal da mensagem e começa a trabalhar para reconstruir os templos da região. Neste período acontece o conflito com seu pai.

1206 – Logo no início ocorre o grave conflito na frente do bispo de Assis, quando se desnuda, renuncia a herança e se separa do pai, que não aceita seu modo de vida. Em seguida, passa a cuidar dos leprosos da região de Gúbio.

1208 – Até esse período, trabalha incessantemente na reconstrução dos templos em ruínas: São Damião, São Pedro e Santa Maria dos Anjos, conhecida por Porciúncula. Em 24 de fevereiro, toma consciência de sua missão durante a missa e começa então o "estilo de vida franciscano": a peregrinação anunciando alegremente a paz e o bem para todos. Entusiasmados pelo exemplo e anúncio de Francisco, no dia 18 de abril, Bernardo de Quintavalle e Pedro Cattanni se juntam a ele; em seguida, no dia 23, aparece Egídio, disposto a seguir o novo modo de vida.

1209 – Outros quatro se juntam ao grupo que vive na pequena igreja de Santa Maria dos Anjos, a Porciúncula. Francisco, então, sente necessidade de estabelecer algumas regras e assim define em breves linhas o propósito do grupo e o modo de vida, e vai a Roma com os onze para obter a aprovação do Papa Inocêncio III. Consegue a aprovação oral e, na volta, se instalam em um rancho abandonado em um local chamado Rivotorto.

1210 – Após serem expulsos do rancho por um camponês, retornam para a Porciúncula, que lhes foi emprestada pelos monges beneditinos.

1212 – Na noite de 18 de março, Domingo de Ramos, a jovem Clara di Favarone foge de casa e é acolhida por Francisco, que logo a envia para a Igreja de São Damião, onde permaneceu até morrer em 1253. Logo depois se juntaram a ela sua irmã Inês e outras jovens da região. Nesse mesmo ano acontece a primeira viagem missionária à Síria, que termina num naufrágio na costa da Dalmácia.

1213 – Viagem missionária ao Marrocos, que termina na Espanha, porque Francisco adoece outra vez.

1217 – Em maio, acontece o Capítulo Geral de Pentecostes, conhecido como "Capítulo das Esteiras", quando se reuniram cerca de 5.000 frades na Porciúcula. Nesta assembleia franciscana foram definidas a primeira missão para além dos Alpes e a organização das províncias.

1219 – Em 26 de maio, acontece outro Capítulo Geral de Pentecostes e são definidas as grandes missões para o exterior: Alemanha, Hungria, Espanha, Marrocos e França. Em praticamente todas as regiões os franciscanos foram ridicularizados, perseguidos e alguns martirizados. Movido por tais exemplos, um erudito cônego de Coimbra pede para ingressar na Ordem; chamava-se Fernando e passou a ser conhecido no mundo inteiro como Santo Antônio.
No final do ano, Francisco visita o Sultão do Egito, Malek-el-Kamel e conversa longamente com ele.

1220 – Retorna à Itália e delega ao Frei Pedro Cattanni o governo da Ordem.

1221 – Com a morte de Frei Pedro Cattanni, no Capítulo Geral de Pentecostes realizado em maio, Frei Elias de Cortona é eleito pelos frades como vigário para liderar toda a Ordem e Francisco apresenta a Segunda Regra, relembra da fracassada missão na Alemanha em 1219 e pergunta se há voluntários para retornar à região germânica. Apresentam-se noventa voluntários, que organizam a missão e obtêm sucesso. Neste mesmo ano, o Papa Honório III aprova a regra para a Ordem Terceira Secular, conhecida hoje como Ordem Franciscana Secular, destinada aos leigos.

1223 – Francisco redige a Terceira Regra que é discutida por todos os participantes no Capítulo Geral realizado em junho, e no mês de novembro é aprovada pelo Papa Honório III. Esta é a Regra que ainda vigora na Ordem e o texto original é guardado como relíquia no Convento de Assis.
Na noite de Natal, Francisco celebra a festa na região de Greccio e monta o primeiro presépio da história.

1224 – Em junho, acontece uma missão bem-sucedida para a Inglaterra. Em setembro, Francisco se junta aos freis Leão e Rufino e seguem para o Monte Alverne para oração. Lá ele tem a visão de Cristo Crucificado, como um Serafim alado, e recebe os estigmas, como as chagas da crucifixão nas mãos, nos pés e no peito.

1225 – Extremamente doente, Francisco visita Clara na Igreja de São Damião e lá permanece por um período para receber tratamento médico, mas não melhora. Em meio ao sofrimento, compôs o *Cântico do Irmão Sol*.
Até 1226 passa por diferentes médicos e tratamentos sem êxito. Sentindo aproximar-se a morte, dita seu testamento, que é um testemunho de sabedoria exemplar no qual recorda toda a sua trajetória espiritual.

1226 – Pouco antes da morte, pede que o deitem nu no chão, pois assim queria morrer. Depois aceita um hábito emprestado, pede que leiam o Evangelho da Última Ceia e abençoa todos os filhos seus, os presentes e futuros, exortando que todos sempre se amem, sejam fiéis à pobreza e se coloquem sempre como servidores da Igreja. Morreu cantando na tarde do dia 3 de outubro e foi sepultado no dia seguinte, na Igreja de São Jorge, na cidade de Assis.

1228 – No dia 16 de julho, foi canonizado e suas relíquias foram trasladadas para a nova basílica no dia 25 de maio de 1230.

Declaração do Milênio*

Objetivo 1: Erradicar a miséria e a fome
- Reduzir para a metade, entre 1990 e 2015, a proporção da população cujo rendimento é inferior a US$ 1 por dia.
- Reduzir para a metade, entre 1990 e 2015, a proporção da população que sofre com fome.

Objetivo 2: Universalizar o ensino básico
- Garantir que, até 2015, todas as crianças, de ambos os sexos, terminem um ciclo completo de ensino primário.

Objetivo 3: Promover a igualdade de gênero e autonomia das mulheres
- Eliminar a disparidade entre sexos nos ensinos Fundamental e Médio, se possível até 2005, e em todos os níveis de ensino, o mais tardar até 2015.

Objetivo 4: Reduzir a mortalidade infantil
- Reduzir em 2/3, entre 1990 e 2015, a taxa de mortalidade de cirianças com menos de cinco anos.

Objetivo 5: Melhorar a saúde materna
- Reduzir em 3/4 a taxa de mortalidade materna.

Objetivo 6: Combater o HIV/Aids, a malária e outras doenças
- Deter, até 2015, a propagação do HIV/Aids e começar a reverter a tendência atual.
- Deter, até 2015, a incidência da malária e outras doenças endêmicas importantes e começar a reverter a tendência atual.

---

* Documento aprovado por representantes de 189 países em setembro de 2000, ratificado pelos chefes de Estado na Cúpula sobre Desenvolvimento Sustentável em Johanesburgo – África do Sul, em 2002, com objetivos a serem atingidos até o ano de 2015.

Objetivo 7: Garantir a sustentabilidade ambiental
- Integrar os princípios do desenvolvimento sustentável nas políticas e nos programas nacionais e inverter a tendência atual de perda de recursos naturais.
- Reduzir para a metade, até 2015, a proporção da população sem acesso permanente a água potável.
- Até 2020, melhorar consideravelmente a vida de pelo menos 100 milhões de habitantes de áreas degradadas.

Objetivo 8: Estabelecer uma parceria mundial para o desenvolvimento
- Continuar a implementação de um sistema comercial e financeiro multilateral, aberto e baseado em regras previsíveis e não discriminatórias.
- Atender às necessidades especiais dos países menos desenvolvidos.
- Atender às necessidades especiais dos países sem saída para o mar e dos pequenos países em desenvolvimento situados em ilhas.
- Tratar globalmente o problema da dívida dos países em desenvolvimento, por meio da adoção de medidas nacionais e internacionais que tornem a dívida sustentável a longo prazo.
- Em cooperação com os países em desenvolvimento, elaborar e aplicar estratégias que proporcionem aos jovens trabalho digno e produtivo.
- Em cooperação com as empresas farmacêuticas, proporcionar nos países em desenvolvimento o acesso a medicamentos essenciais a preços acessíveis.
- Em cooperação com o setor privado, tornar acessíveis os benefícios das novas tecnologias, em especial das tecnologias de informação e comunicação.

Pacto global*
Seus princípios são:

Princípios de Direitos Humanos
1) Apoiar e respeitar a proteção dos direitos humanos proclamados internacionalmente.
2) Evitar a cumplicidade de associação nos abusos dos direitos humanos.

Princípios de Direitos do Trabalho
3) Defender a liberdade de associação e o reconhecimento efetivo do direito à negociação coletiva.
4) Eliminar todas as formas de trabalho forçado ou compulsório
5) Erradicar efetivamente o trabalho infantil.
6) Eliminar a discriminação no emprego e na ocupação.

Princípios de Proteção Ambiental
7) As empresas devem apoiar uma abordagem preventiva para os desafios ambientais.
8) As empresas devem assumir iniciativas para promover uma maior responsabilidade ambiental.
9) As empresas devem encorajar o desenvolvimento e a difusão de tecnologias ambientalmente sustentáveis.

Princípio contra a corrupção
10) Combater a corrupção em todas as suas formas, inclusive extorsão e propina.

---

* Parceria internacional que reúne agências da ONU, empresas, organizações da sociedade civil e do setor público, lançada oficialmente no ano de 2000 na sede da ONU.

BIBLIOGRAFIA

ALMEIDA, F. **Os desafios da sustentabilidade**: uma ruptura urgente. 3. ed. Rio de Janeiro: Campus, 2007.

BAGGIO, H. **São Francisco**: vida e ideal. Petrópolis: Vozes, 1991.

BARRETT, R. **Libertando a alma da empresa**. São Paulo: Cultrix/Amana Key, 2000.

BOFF, L. **São Francisco de Assis**: ternura e vigor. 10. ed. Petrópolis: Vozes, 2005.

_____. **A oração de São Francisco**. 2. ed. Rio de Janeiro: Sextante,1999.

BOFF, L. & LELOUP, J.Y. **Terapeutas do deserto**. 2. ed. Petrópolis: Vozes, 1998.

CAMPBELL, J. **O herói de mil faces**. 15. ed. São Paulo: Cultrix/Pensamento, 2005.

CAPRA, F. & STEINDL-RAST, D. **Pertencendo ao universo** – Explorações nas fronteiras da ciência e da espiritualidade. São Paulo: Cultrix, 1991.

CHAPOT, D. **O equilíbrio perfeito** – Aprendendo a lidar com suas emoções. Petrópolis: Vozes, 2006.

COLLINS, J. & PORRAS, J. **Feitas para durar** – Práticas bem-sucedidas de empresas visionárias. Rio de Janeiro: Rocco, 1999.

CREMA, R. **Introdução à visão holística**. São Paulo: Summus, 1989.

DOLAN, S.L. & GARCIA, S. **Gestão por valores**. Rio de Janeiro: Qualitymark, 2006.

DRUCKER, P. & NAKAUCHI, I. **Desafios gerenciais para o século XXI**. São Paulo: Pioneira, 2001.

_____. **Drucker na Ásia**. São Paulo: Pioneira, 1997.

EPICURO. **Carta sobre a felicidade**. São Paulo: Unesp, 2002.

FLEURY, M.T.L. & FISCHER, R.M. **Cultura e poder nas organizações**. Rio de Janeiro: Atlas, 1991.

_____. "Estória, mitos, heróis – Cultura organizacional e relações de trabalho". **Revista de Administração de Empresa**, out.-dez./1987. São Paulo.

FRANKL, V.E. **Em busca de sentido**. 22. ed. Petrópolis/São Leopoldo: Vozes/Sinodal, 2006.

FROMM, E. **A arte de amar**. Rio de Janeiro: Itatiaia, 1995.

_____. **Do ter ao ser** – Obras póstumas. Vol. 1. Rio de Janeiro: Manole, 1992.

GEUS, A. **A empresa viva** – Como as organizações podem aprender a prosperar e se perpetuar. Rio de Janeiro: Campus, 1998.

GOLEMAN, D. **Inteligência emocional**. 4. ed. Rio de Janeiro: Objetiva, 1996.

HARMAN, W. **Uma total mudança de mentalidade**. São Paulo: Cultrix/Pensamento, 1998.

HARTMANN, J.E. **Francisco, o irmão sempre alegre**. Petrópolis: Vozes, 2008.

JAWORSKI, J. **Sincronicidade**: o caminho interior da liderança. Rio de Janeiro: Best Seller, 2005.

JUNG, C.G. **Sincronicidade**. 15. ed. Petrópolis: Vozes, 2007 [OC, 8/3].

KOSER, C. **O pensamento franciscano**. 2. ed. Petrópolis: Vozes, 1998.

LIMA, M. **O Rei Arthur e a távola redonda** – Lendas de sucesso. São Paulo: Escala, 1992.

MASLOW, A.H. **Maslow no gerenciamento**. Rio de Janeiro: Qualitymark, 2000.

MANSELLI, R. **São Francisco**. 2. ed. Petrópolis: Vozes, 1997.

MATURANA, H.R. & VARELA, F. **A árvore do conhecimento** – As bases biológicas da compreensão humana. 6. ed. São Paulo: Palas Athena, 2007.

MAZZUCO, V. **Francisco de Assis e o modelo de amor cortês-cavaleiresco.** 5. ed. Petrópolis: Vozes, 1994.

MOLTMANN, J. **O espírito da vida:** uma pneumatologia integral. Petrópolis: Vozes, 1999.

MORIN, E. **Ética.** Porto Alegre: Sulina, 2006.

RENESCH, J. **A conquista de um mundo melhor.** São Paulo: Cultrix/ Amana Key, 2008.

RENESCH, J. (org.). **Novas tradições nos negócios.** São Paulo: Cultrix/ Amana Key, 1999.

RODRIGUES, M.V. **Ritos & excelência nas empresas.** Petrópolis: Vozes, 2002.

ROTZETTER, A. **Com Deus nos dias de hoje.** Petrópolis: Vozes, 2003.

SANTARÉM, R.G. **Autoliderança:** uma jornada espiritual. Rio de Janeiro: Senac-Rio, 2007.

_____. **Precisa-se (de) ser humano** – Valores na formação profissional. Rio de Janeiro: Qualitymark, 2004.

SCHEIN, E. **Guia de sobrevivência da cultura corporativa.** Rio de Janeiro: José Olympio, 1999.

_____. **Organizational Culture and Leadership.** São Francisco: Jossey Bass, 1986.

SENGE, P. **A quinta disciplina** – Caderno de campo. Rio de Janeiro: Qualitymark, 2007.

_____. **A quinta disciplina.** 21. ed. Rio de Janeiro: Best Seller, 2006.

SENGE, P. et al. **Presença:** propósito humano e o campo do futuro. São Paulo: Cultrix, 2007.

SILVEIRA, I. & REIS, O. (orgs.). **Escritos e biografias de São Francisco de Assis.** 9. ed. Petrópolis: Vozes, 2000.

SPINOZA, B. **Ética**. Madri: Orbis, 1980.

STICCO, M. **São Francisco de Assis**. 10. ed. Petrópolis: Vozes, 2003.

TAMAYO, A. & PORTO, J.B. (orgs.). **Valores e comportamento nas organizações**. Petrópolis: Vozes, 2005.

TANURE, B.; NETO, A.C. & ANDRADE, J. **Executivos**: sucesso e infelicidade. Rio de Janeiro: Campus, 2007.

TAVARES, M.G.P. **Cultura organizacional**: uma abordagem antropológica da mudança. Rio de Janeiro: Qualitymark, 1991.

TEIXEIRA, M.L.M. **Valores humanos & gestão**: novas perspectivas. São Paulo: Senac-SP, 2008.

ZAVALLONI, R. **Pedagogia franciscana**: desenvolvimento e perspectivas. Petrópolis: Vozes, 1999.

CULTURAL

Administração
Antropologia
Biografias
Comunicação
Dinâmicas e Jogos
Ecologia e Meio-Ambiente
Educação e Pedagogia
Filosofia
História
Letras e Literatura
Obras de referência
Política
Psicologia
Saúde e Nutrição
Serviço Social e Trabalho
Sociologia

CATEQUÉTICO PASTORAL

Catequese
Geral
Crisma
Primeira Eucaristia

Pastoral
Geral
Sacramental
Familiar
Social
Ensino Religioso Escolar

TEOLÓGICO ESPIRITUAL

Biografias
Devocionários
Espiritualidade e Mística
Espiritualidade Mariana
Franciscanismo
Autoconhecimento
Liturgia
Obras de referência
Sagrada Escritura e Livros Apócrifos

Teologia
Bíblica
Histórica
Prática
Sistemática

REVISTAS

Concilium
Estudos Bíblicos
Grande Sinal
REB (Revista Eclesiástica Brasileira)
RIBLA (Revista de Interpretação Bíblica Latino-Americana)
SEDOC (Serviço de Documentação)

VOZES NOBILIS

O novo segmento de publicações da Editora Vozes.

PRODUTOS SAZONAIS

Folhinha do Sagrado Coração de Jesus
Calendário de Mesa do Sagrado Coração de Jesus
Almanaque Santo Antônio
Agendinha
Diário Vozes
Meditações para o dia-a-dia
Guia do Dizimista

CADASTRE-SE
www.vozes.com.br

EDITORA VOZES LTDA.
Rua Frei Luís, 100 – Centro – Cep 25.689-900 – Petrópolis, RJ – Tel.: (24) 2233-9000 – Fax: (24) 2231-4676 –
E-mail: vendas@vozes.com.br

UNIDADES NO BRASIL: Aparecida, SP – Belo Horizonte, MG – Boa Vista, RR – Brasília, DF – Campinas, SP –
Campos dos Goytacazes, RJ – Cuiabá, MT – Curitiba, PR – Florianópolis, SC – Fortaleza, CE – Goiânia, GO –
Juiz de Fora, MG – Londrina, PR – Manaus, AM – Natal, RN – Petrópolis, RJ – Porto Alegre, RS – Recife, PE –
Rio de Janeiro, RJ – Salvador, BA – São Luís, MA – São Paulo, SP
UNIDADE NO EXTERIOR: Lisboa – Portugal